中国共产党诞生地
出版工程

彭湃画传

龙华英烈画传系列丛书

中共上海市委党史研究室　龙华烈士纪念馆　编
赵菲　著

上海人民出版社

出版说明

2021年是中国共产党成立100周年，为回望早期中国共产党人“革命理想高于天”的信仰力量、艰苦卓绝的开拓斗争、舍生取义的无畏牺牲，从中汲取继续奋进的强大精神力量，由中共上海市委宣传部组织，中共上海市委党史研究室、龙华烈士纪念馆编写龙华英烈画传系列丛书，致敬为真理上下求索、为信仰奋斗牺牲的革命先驱们。

上海市龙华烈士陵园（龙华烈士纪念馆）是国民革命、土地革命时期著名英烈人物最为集中的纪念地。在新中国成立前中国共产党产生了171位中央委员，其中有42人牺牲，在龙华牺牲了7位，占六分之一；首届中共中央监察委委员10人中有8人牺牲，在龙华牺牲了4位，占二分之一；其他曾在龙华被押过的革命者更是数以千计。丛书首批选取11位英烈，按照其生平脉络，选取若干重要历史事件，配以反映历史背景、切合主题内容、延伸相关阅读的丰富历史图片，以图文并茂的方式叙写龙华英烈们在风雨如晦中筚路蓝缕的艰难寻路、为中国革命披肝沥胆的无畏与牺牲，彰显早期中国共产党人实现救国、救民的初心。

丛书所收录的图片和史料多源自各兄弟省市党史研究室、纪念场馆，以及中共上海市委党史研究室、龙华烈士纪念馆等机构的公开出版物及展陈，或源自英烈后代的珍藏。基本采用历史事件发生时期的老照片，但由于年代久远且条件有限，部分无法直接利用的老照片，或进行必要修复，或通过对现存史料进行考证后重新拍摄。

丛书反映内容跨度长、涉及面广、信息量大且年代久远，编写人员虽竭尽全力，但不足和疏漏之处在所难免，敬请广大读者批评指正。

目录

一

怀鸿鹄志　消天下苍生苦

PENG PAI

在风雨如晦的年代，“救国”和“革命”是最激荡人心、最具感召力的字眼，天地同力，群英竞起，于彭湃而言也不例外。彭湃救国救民的理想，也因其最大限度地跳出了自我限制，因其毁家纾难的忠毅果决，从而更显光辉、更显分量。

立下“愿消天下苍生苦”的宏愿

广东省海丰县，位于我国的南海之滨，北依崇山峻岭，南临万顷大海。1896年10月22日，彭湃出生在海丰一个富庶的地主家庭乳名天泉，大名汉育。彭湃出生时，彭家人丁兴旺、发展甚速，拥有“鸦飞不过的田产”，成为当地数一数二的富裕人家。

青年彭湃

彭湃曾这样说过：“我的家庭在海丰县可以算做个大地主，每年收入千余石租，共计被统辖的农民男女老幼不下千五百人。我的家庭男女老少不上三十口，平均每一人有五十个农民做奴隶。”

彭家虽富裕，但以无人在朝中做官为憾。彭湃自幼聪慧好学，迷信风水命运，且盼望子孙能作官以光耀门庭的祖父，曾叮嘱彭湃的生母周凤说：“此儿是我家的千里驹，须善教养，我家以后的兴旺，和天泉一人大有关系。”

在私塾里终日饱学诗书的彭湃，写得一手漂亮的毛笔字，尤

彭湃的启蒙老师林晋亭

其善观察、喜绘画，常将见到的人及动物的样子用笔或者瓦片在地上勾画出来，惟妙惟肖。8 岁的彭湃在林祖祠小学遇到了一位改变他人生走向，且在日后重要关头为他指点迷津的老师——当时的进步人士林晋亭。而这位林老师的身后，是一家三代满门英烈，日后在大革命、土地革命、全民族抗战时期为国捐躯。

这是一位学识渊博、思想进步的老师，不仅教学生识字、作文等，更是在培养学生的道德情操和民主主义思想上颇费心血。他在把历史有声有色地还原出来的同时，更是将爱国爱民的思想融入其中。在林晋亭的循循善诱下，彭湃对文天祥以身殉国、林则徐虎门销烟的事迹崇敬不已，“人生自古谁无死，留取丹心照

广东省海丰县彭湃烈士故居

汉青”成为了他的座右铭，家国情怀和革命思想第一次震颤了他幼小的心灵。

少年已知家国忧。彭湃的少年时代，正当中日甲午战争后，列强不断蚕食、瓜分中国的时代。满目疮痍的故土之上，是人民在颠沛流离、熬煎于水火。而彭湃的家乡海丰，因山多田少、土地贫瘠，面对帝国主义的掠夺和连年的军阀混战时则更显困苦，农民“终日在地主的斗盖，绅士的扇头，和官府的锁链中呻吟过活”。乡民的悲苦透进彭家的高墙，令年幼的彭湃有了“天下兴亡，匹夫有责”的情怀。

彭湃的母亲周凤，悲悯坚毅，是具有大德大爱襟怀的平凡而伟大的女性。周凤嫁入彭家后，乡下青黄不接时，时有穷亲戚或非沾亲带故的人找上门来，周凤不仅让他们吃饱饭，还接济他们。暮年的周凤，居所靠近通往海丰县城的大路边，过往行人很多，不管是炎夏还是寒冬，周凤都会嘱托陪伴她的人，每天煮两桶茶水放在大门口，让过往群众消暑驱寒。这位历经几个时代，满门英烈，受到党和国家领导人接见，并被毛泽东称誉为“革命母亲”的老人，历尽一生的波澜和动荡，却依然想着做有益于众人的事。

彭湃正是在母亲周凤的身教熏陶之下，从小就懂得怜贫恤苦。幼年时在祖父的行铺玩耍，彭湃见到乞讨的人就吵着要大人分东西给他们，如尽己所能帮上穷亲戚的忙，能让他高兴上许

彭湃母亲周凤（中）与
彭湃三儿子彭洪一家

彭湃母亲周凤

久。母亲周凤曾回忆道："彭湃小时，每当听别人讲土霸劣绅、贪官污吏的故事，便大声痛骂，甚至在经过县里权贵门口时，也不喜欢。"

未满 11 岁那年，彭湃跟随大哥到彭家佃户比较集中的平岗乡去收租。从未踏进过农村的彭湃一路上都在遐想，那该是怎样的一派田园风光：广袤葱翠的田野，交织着密集的溪流，野花盛放的葱茏的密林深处，错落着农舍，农民们丰收的汗珠折射的满是喜悦和满足……但就在他踏进收租地时，便被眼前的一幕猝不及防地怔住了，看到的是一张张满是愁苦的面容和一双双饱含无奈、畏怯的眼睛。几个衣衫褴褛的佃农，倾颓地立在那里，卑贱地倾诉着收成的恶劣。他们不仅住着破烂不堪的房子，甚至连吃上软糯的米饭都是难事，整个农村家家镰刀挂起，米瓮无米……眼前的情景令彭湃大受震撼，他愤恨不已，一边流着眼泪，一边当场喊出"不要再交租了"的惊人之语。

打破穷苦旧世界的少年

回到家后的彭湃，自然免不了受到祖父的训斥，这使他接连几日闷不作声。但就在这几天里，他却有了意想不到的收获。彭湃第一次走进农村，第一次看到了乡邻们过着与自己迥然不同的生活，第一次愤懑于人世间竟有这样难以跨越的沟壑，第一次想

今为纪念彭湃而命名的彭湃小学

要打破耕田人终年辛劳而不得温饱、富人不劳动却衣食不缺的旧世界……也正因为有了这样的情怀积淀，日后青年彭湃在言志诗中立下了“愿消天下苍生苦”的宏愿，并从此坚定地为人人平等的共产主义理想而奋斗。

暑期过后，再次回到学校的彭湃在学业上进步很快，总成绩名列前茅，而且热爱谈论时事，并经常参加社会活动。林晋亭敏锐地捕捉到了彭湃的特点，有意进一步启发和培养他的民主思想。

当林老师讲到与家乡海丰隔海相望的香港，就是鸦片战争后被分割时，彭湃按捺不住内心的激愤，说道："这样腐败无能的清廷还要他干什么?!"林晋亭则适时地告诉他，独立自强才是救民于水火之中的唯一选择，而为了实现这个理想，孙中山正倡导民主革命，组建同盟会，并希望团结爱国同胞，建立一个民主共和国。彭湃听得特别投入，眼里满是期待，而心里更是跃动着果决。

就这样，拥有开阔的视野和独到见地的彭湃，升入了海丰县

1957 年，海丰人民为了纪念彭湃烈士，将海丰中学改名为彭湃中学，建校于五坡岭

第一高等小学。因毗邻港澳，海丰得风气之先，除了遇到的引他走向民主革命道路的老师外，彭湃还在这一时期接触到如邹容的《革命军》，陈炯明创办的提倡改革、鼓吹革命的《海丰自治报》等书刊。这其中饱含着建设新社会的憧憬和理念，无不在激荡着彭湃的内心。而幼年时埋下的民主思想的种子，则在雨露中进一步获得滋养。

在彭湃升入高小后的第二年，海丰县知县唐汝梅卸任。这是

方饭亭远景

个臭名昭著的赃官，而当地的土豪劣绅却趋炎附势，对他大肆吹捧，极尽媚上之能事，还特地送他一把“万人伞”，为其歌功颂德。而当彭湃得知他的祖父就是送万人伞的参加者之一，并在万人伞上具了名时，他愤然拿起剪刀，把写在万人伞上的祖父名字剪掉。簇拥在旁边的同学都学着彭湃的样子，纷纷把自家家长的名字从万人伞上剪了下来。这样一刀一刀剪下去，万人伞最后残破不堪、颓然倒地，送伞一事只好作罢。

进入中学后的彭湃，思想更加活跃，也更加关心国家兴亡和民主社会的建立。当时他所就读的海丰中学更是为其思想的进步提供了一片沃土。海丰中学是当地的最高学府，也是新旧思想交锋最激烈的地方。顽固腐朽势力想安插亲信做老师，彭湃和同学们发起了一场“择师运动”，公开抵制旧思想和旧势力，寻求传播新思想的教师。这让海丰中学的民主革命思想蔚然成风，渴求真理、无尽探索的精气神逐渐凝集起来。也正是在海丰中学，彭湃结交了比他小 4 岁的学弟——日后有着“红色特工”身份的医界巨擘柯麟。

彭湃爱针砭时弊，畅谈国家大事，他与有着共同理想志趣的同学走到了一起，在当时的海丰中学组织起“群进会”，他们举行了反日大游行，开了学生关心国家大事的先例。放学后，他们常常会到学校后面的方饭亭和表忠祠去。1278 年元兵犯境，文天祥率部奋起抵抗，一路转战至海丰，兵不及战，不幸被捕。海丰民众在他被执的五坡岭建了方饭亭和表忠祠，并把《衣带铭》镌刻在他的石碑像上，颂扬文天祥的忠烈，并以昭告后代。每每至此，彭湃都要站在石碑前，大声诵读文天祥的《正气歌》，那一声声响亮的词句里透出的，全是彭湃的拳拳爱国心和殷殷报国志。

当时，海丰大地主陈月波之流一手遮天，竟要把驻军统领、因藉势大肆盘剥百姓而臭名昭著的林干材的石像，拿来与千古传世的文天祥像并列！消息一经传出，海丰社会一片哗然。林晋亭率先站了出来，写了反对为林干材建立“生祠”的《告海丰父老

1912 年，广东高等学校改为广东省立第一中学，即现广雅中学前身，1911 年之前为广府中学堂，彭湃曾在此就读

书》。紧接着彭湃、陈复、陈国光、陈魁亚、林甦等群进会会员，以海丰中学学生的名义四处张贴“墙红”，历诉林干材勒索钱财、勾结劣绅地痞等危害地方的种种罪状，坚决反对将其奉祀于忠肝义胆的文天祥的石像旁。一夜之间，墙红出现在海丰城的大街小巷，这令陈月波暴跳如雷。权倾乡邑的陈月波，一面吆喝着人手将“墙红”通通扯下撕碎，一面派人抓紧把雕刻好的林干材石像搬到方饭亭前的表忠祠内竖起存放，同时大张旗鼓地通知各乡绅耆老，准备在林干材生日那天举行隆重的立像仪式。

彭湃获悉消息后，立即找来群进会的同学研究对策。有人主张找海丰中学校长出面干涉，有人主张全校罢课以示抗议。彭湃却另辟蹊径，与同学四人溜进表忠祠，偷偷挖掉了林干材石像的鼻子。最终，这块残缺的石像被当作无用的垃圾丢进了海里。就这样，反对林干材的斗争在同学们的欢呼声中胜利了。

但此刻，彭湃已不满足于这种形式的斗争，他的内心有了新的声音：他要到新式学堂去求学，他要到更广阔的天地里去寻求救国救民的真理。

民主思想的最初习得

广府中学位于广州越秀山麓的司后街（即今天的越华路），是提倡新学以后创办的中学。老师多是新派人物，原来旧书院的封建遗老已不多见，学科设置也焕然一新。彭湃在1916年进城状告海丰县长陈月波的闲余时间，就曾到这里参观，对这里的印象很好。他说服了祖父，获得了到这里读书学习的机会。1917年春，彭湃怀着对新知识的渴求和憧憬，离开海丰到广府中学求学，这里的一切都令他感到新奇。学校新近开设了物理、化学、生物等多项新学科课程，这对求知欲很强的彭湃有着莫大的吸引力。而经常性地刊登学生组织创办的壁报、举行座谈会和论坛演讲等，更是让彭湃有了一展才华的机会。

但就在进入这间学校仅仅一月有余之后，对救国救民真理有着无限渴求的彭湃，又时刻不满于现状。他发现广府中学的教学中仍掺杂着不少旧思想、旧观念，而有关国计民生、除旧布新的知识却十分匮乏。此时，彭湃恰巧听自家世交陈其尤谈到日本学校的情况，当地学校不仅教授很多实用的知识，而且拥有东西方许多新兴的学术和流派，对启迪学生的思想大有裨益。于是，他萌生了东渡日本求学的念头。

彭湃知道祖父是不会同意他去日本的，但没有祖父的点头，留学的经费便无从筹措。他找来陈其尤，希望他好事做到底，替他向他那思想保守、固执威严的祖父求情。在陈其尤几番劝说下，深知彭家虽经济富有却无权无势的彭湃祖父，终被一句“你家有一个人在外读书，将来捞得一官半职，可免受欺负”所打动，随即应允了彭湃的请求。

在彭湃满心欢喜地得偿所愿时，陈其尤还不忘亲自写了两封信给他的留日朋友黄介民、黄霖生，担心彭湃初到日本人生地不熟，请他们多多照顾。

二

遍寻真理　终得赤心报国的明灯

PENG PAI

彭湃面对的中国，是在黑暗中挣扎、国将不国的中国。为了寻找照亮中国的那盏明灯，他在日本遍读经典，比照思考。最终，俄国十月革命的胜利，让彭湃看到了马克思主义救中国的希望。于是他开始如饥似渴地系统钻研马克思主义……

如饥似渴求新知

1917 年 6 月，怀着寻求救国真理、振兴民族的赤胆忠心，彭湃登上了皇后号海轮，从香港启程，驶向日本。在海上航行 5 个昼夜后，这艘海轮抵达了日本神户港。

初抵日本，彭湃很快入住专为中国留学生学习和住宿提供方便的青年会，后进入成城高等预科学校补习日语并进行基础训练。他一头就扎进功课里面。那时的日本社会比较开放，各国尤其是西方资本主义国家的科技及文化书籍，源源不断地涌入日本图书市场，彭湃得以如饥似渴地饱读各类书籍。杨嗣震就是彭湃在寻求新知的过程中结识的志同道合的挚友。他们同为热血青年，同样抱着救国救民的赤子之心，渴望能从这个东瀛国家找到良方和通途。也正是怀着这样的热切之心，他将原名彭汉育改为彭湃，“以激励自己像浩瀚的大海那样汹涌澎湃，去冲刷黑暗社会的污泥浊水”。

虽在国内读书时，彭湃就对日本的明治维新中振兴国家的政

彭湃 1918 年与留日同学在日本神田华阳楼

彭湃 1918 年在日本

策十分景仰，但当他亲眼目睹了日本人对中国华侨的歧视和偏见，亲身经历了日本人对中国留学生的侮辱和挑衅后，反日情绪开始彭湃的心中日渐郁积。

1918 年 5 月初，中国留日学生获知日本政府要与北京段祺瑞执政府签订《中日陆军共同防敌军事协定》的消息，这是卖国求荣、投靠日本的罪恶条约，当即激起了中国留日学生的群起激愤和强烈抗议。为了阻止这个耻辱协定签订生效，彭湃和中国留日学生发动举行了集会、散发传单等抗议活动，还组织了学生救国团，沿街高呼口号。5 月 6 日，学生救国团在神田的中国饭馆“维新号”召开秘密会议，突遇日方警探打砸会场，几十名救国团干事被抓到神田警署。彭湃等随即会同众多留日同学赶到警署门口，要求放人，却被拒之门外，一直等到天明。

第二天天一亮，彭湃等人与日警进行面对面交涉，强烈要求无条件释放被捕学生。鉴于抓人理由着实不足，中国留日学生又态度坚决、声势浩大，日方警署不得不将逮捕学生一一释放。但不日之后，5 月 16 日段祺瑞执政府还是无视国人的反对和抗议，公然与日本签订耻辱的卖国条约。中国人民包括留日学生的抗议活动均告失败，彭湃等悲痛无比！平时不爱照相的彭湃，拉起黄霖生和陆精治直奔照相馆，拍下了一张三人照，并在背面写明：“民（国）七年中国军事亡国协定被迫签订之日，特合摄此‘国

彭湃与陆精治
等同学合影

丧纪念'，以示国仇之不忘。”短短几行字，彭湃一连用了“亡国”“国丧”“国仇”这样沉郁悲痛的字眼，足见他当时痛恨之甚、爱国之深。

随后，留日学生救国团作出了全体留日学生罢课回国的决定，以示对日强烈抗议。于是，三千多留日学生陆续分批回国，与国内人士联合进行各种救亡活动。5月下旬，彭湃和黄霖生、陆精治、李春涛等广东学生一同回到广州。

彭湃一回到广州，即刻奔走于废约救亡的活动之中，并参加《留日广东学生同乡会宣言书》(以下简称《宣言书》)的起草工作。他废寝忘食地奋笔疾书两天两夜之后，终于完成了起草任务，痛斥日本“随时随地可以陷我于万劫之渊，可以迫我作奴隶之民，若如此，则中华民族危在旦夕矣”，号召国人以“国家兴亡、匹夫有责”的爱国主义精神，赶快起来奋争。

《宣言书》句句情切理明，令人感慨良深。看过《宣言书》的留日学生陆精治后来回忆说：“真是洋洋数千言，字字血泪成，读之令人撕裂肝胆，声泪俱下，它的确表达了留日学生拒约救亡迫切心声，表现了留日学生们极为高尚的爱国热忱。”彭湃在广州活动了一阵之后，又回到海丰，与海丰中学的老同学一起亲赴汕尾、捷胜等地清查商店的日货。海丰的爱国宣传和抵制日货运动由此风生水起。

“毋忘国耻”　汇聚救国力量

努力好学、蔚为国用的彭湃重返日本后，于1918年9月考入著名的早稻田大学政治经济科。之所以选择这一学科，是因他一直笃信政治经济学对改造中国社会的旧面貌会有直接的帮助。彭湃曾对同学说：“我选定此类专业，为的将来研究我国的政治经济，与同道者一起，竭尽全力，秉志改革，方不负远涉重洋，到此求学之初愿。”所学，即是改革所愿。

1919年1月18日，在巴黎和会上，中国非但没有理所应当地与其他战胜国分享胜利果实，还被迫将战败国德国曾占领过的山东胶州湾转让给日本。留日的中国学生在获知这一消息后群情激愤，纷纷奔走呼告。

转眼到了5月7日，正是4年前的这一天，日本发出最后通牒，强迫中国政府在二十一条不平等条约上签字，5月9日则是北洋军阀政府屈服于无理要求、在不平等条约上签字的日子。5月7日和5月9日对中国人民而言是锥心刺骨的国耻日，但日本却把这两天定为“国荣”，决定举国庆祝。这极大地刺伤了留日中国学生的感情，他们决定于5月7日在东京召开国耻纪念会，并向各国驻日公使馆递交宣言书。

正在国耻纪念活动紧锣密鼓筹备之际，忽然从国内传来激动人心的消息——五四运动爆发了。中国留日学生无比振奋，他们决心与北京遥相呼应，在日本举行一场有巨大影响的震撼人心的纪念会。但由于日警干涉，拟选场所大多无法租借，几经易址后，纪念大会只好改为各路留学生示威游行。5月7日下午1点多，集结在葵桥车站等候出发的中国留学生已有1000多人。1小时之后，人潮汹涌的留学生队伍高举“五七国耻纪念”“直接收回青岛”“打倒军国主义”“保持永久和平”等大旗，浩浩荡荡地途经美国、瑞士、俄国等国驻日使馆。当队伍意气激昂地走向通往中国使馆的路上时，突遭预先埋伏在使馆附近的约800多名全副武装的日本宪兵和警察的冲击围攻、野蛮镇压。目击者曾这样描述当时的场景：“数百横暴如兽之军警，不论分晓，忽作长蛇阵重围环攻，刀枪齐下，马蹄纷踏……可怜赤手空拳、力无缚鸡之学生，乃皆辗转呼痛于马蹄涂炭之间。”

学生队伍被践踏、鞭打、冲散，难以成队游行，纷纷突围夺路向日比谷公园撤退、集中，可是残暴的日本军警仍旧对学生穷追不舍。冲突中，彭湃最大程度地用身体挡护黄、陆两位同学，被皮鞭重重抽打，浑身伤痕、头破血流，幸有陆精治在一旁救助才不致昏倒街头。这一事件中受伤的中国留学生达27人，并有35人被捕入狱。

志士的鲜血、刻骨的国耻令彭湃悲愤交加，他忘却了肉身的伤痛，回到寓所后，他立即咬破手指，在白绢上写下“毋忘国耻”四个鲜红的血字。同时附上一封信，寄给故乡海丰的学生联合总会，让故乡的青年学生记住这国耻大恨，激起他们爱国求荣的斗志。

海丰县学生联合总会接到彭湃的信后，立即把信和“毋忘国耻”的血书贴在海丰中学的揭示榜上，学生们争先恐后地围观彭湃的信和血书，深深地为彭湃他们炽烈的爱国主义精神感动和鼓舞，反日斗志在团结的热血中喷薄。在学生联合总会的领导下，全县中小学学生立即行动。一时间，抵制日货的运动遍及海丰全县。

1919年暑假，彭湃再度回国。这次，他先取道上海，参与了《救国日报》的工作。这是一份由中国留日学生救国团创办的报纸，主要为唤起国人救亡，后期大量介绍社会主义在内的各种先进思想，成为一个思想启蒙的重镇。由于《救国日报》的经费出现问题，他又赶往福建漳州募集了数千白银资助《救国日报》，还在那里会见了粤军总司令、海丰籍老乡陈炯明，并大胆向他建议多派一些学生出国留学，为祖国培养人才。随后，彭湃又匆匆赶回故乡海丰。

其时，五四运动震动全国，海丰反帝反封建的力量也甚为活跃，彭湃看到了可以团结起来的力量。他不顾旅途劳顿，马不停蹄地与海丰中学群进会的一些老同学和社会上的热心人士，组织讲演团、白话剧团到各地去宣传、演出，呼唤爱国、民主和科学的革命精神。在此之前，海丰乃至全国都没有出现过白话剧，彭湃曾在日本看过这样的演出，那时他就被这种新鲜话剧吸引，又因其可以短平快地结合现实演出，彭湃决定在海丰组建白话剧团。他既做编剧、导演，又做演员，短时间内编导和演出了《袁世凯卖国史》《打倒侵略者》《朝鲜亡国恨》等白话剧。在演《朝鲜亡国恨》时，因为演员临时缺席，彭湃还当即男扮女装饰演了

彭湃 1919 年在日本与五弟彭泽

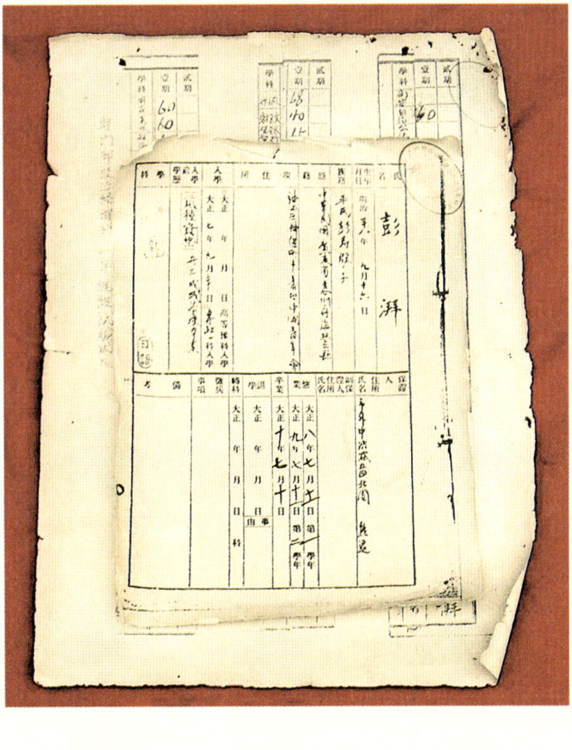

1918 年 9 月 30 日，彭湃考上日本早稻田大学，图为彭湃入学时的登记表和每年的学业成绩表

公使夫人，并且演得惟妙惟肖，引得台下无数掌声。这一系列新鲜有趣的宣传活动，在海丰人民心中点燃了更高涨的爱国主义热情，还有对新文化的热切追求。

枕戈待旦终得真理

1919年9月，结束了家乡爱国运动的彭湃，回到日本早稻田大学继续学习。早稻田大学是西方政治经济学说传入日本的窗口，集结了当时日本赫赫有名的学者，学术氛围浓厚而自由，是传播社会主义诸家学说的阵地之一。本来就很活跃的日本思想界，更是百家争鸣，研究社会主义的群众团体和传播社会主义的杂志，如雨后春笋般蓬勃而兴。在这里，彭湃涉猎了各种政治学说，在仔细对比和思考后，他最终选择了社会主义。

9月18日，彭湃和李春涛、杨嗣震加入了早稻田大学进步师生发起组织的建设者同盟。这个组织的宗旨即对社会主义诸家学说开展研究，寻求建立最合理的社会制度。其最显著的特点就是十分重视农民问题的研究和强调农村社会实践，要求成员都要到农村进行观察、调研，参加农村实际运动。对从贫苦海丰走出且早就同情农民、希望改变农民生活的彭湃来说，这一切都极易被接受和认同。

在参与实践活动的时候，因不忍劳苦农民的血汗被浪费，彭湃有一次把同学们多余的饭菜，统统拿来吃掉；每逢路遇人力车夫，彭湃总要上前帮助推车，直到推上坡顶。农村实践活动极大地加深了他对农民问题的认识和思考，并以此来观照中国社会，初步形成了“改造中国社会必先解决农村的农民问题”这一影响他革命路径决择的观点。这也成为彭湃回国后先从教育改革入手，最终转而投身于依靠海丰农民运动掀起波澜壮阔的革命的重要实践溯源。

1920年10月，彭湃与李春涛等在东京神田区松叶馆寓所发起组织“赤心社”，参加的成员都是与彭湃交往较密切的中国留日学生，有林孔昭、杨嗣震、彭泽、李孝则、林沛然等。彭湃之所以发起这个组织，其宗旨便是要以《共产党宣言》为“母本”，以苏俄革命为“先声”，“赤心报国”，“匹夫有责”，同时主张“要解放全人类”，“建立社会主义的经济制度”。彭湃回国后，在海丰继续保留赤心社，并定期出版《赤心周刊》，可见他对这一组织的重视，以及对“赤心报国”这一理想的坚韧和执着。

赤心社成立后，先后组织社员学习了《共产党宣言》《社会主义问题研究》等著作，研究和讨论了俄国十月革命的经验、日本社会主义运动的概况，并经常分析国内外形势。彭湃还经常到帝国大学听日本最早的马克思主义传播者河上肇博士讲课，并有机会与日本思想界人士高津正道、堺利彦、大杉荣、近藤荣藏等交

1920年，彭湃和李春涛等同学在日本发起组织了“赤心社”，图为赤心社成员合影

往，探讨社会主义学说和国际问题，参与他们组织的各种活动。从彭湃于1923年9月写给友人的信里，可以清楚地看到，彭湃从1921年开始便对马克思主义深信不疑。他曾这样自述：“从前是很深信无政府共产主义的，两年前才对马氏发生信仰，两年来的经验，马氏我益深信。”

1921年，日本的社会主义活动有了较大进展。在此期间，留日中国共产党早期组织也在东京成立，当时的负责人是施存统。

他见彭湃很有组织和活动能力，思想又很进步，想吸收他参加组织。施存统后来回忆说："我在日本期间，和彭湃见过几次面。彭湃在 1921 年 5 月回国之前（约 3、4 月间），我代表留日中国共产党小组和他作过一次长谈。他的主张是：中国是农民占多数，中国的革命要依靠农民。他强调农民运动，对工人运动似乎重视不够。据我所知，他对农民运动的重视比我们任何人都早。"后来中国的革命实践证明，彭湃当时主张农民运动、重视农民问题，是符合中国革命实际的。

三

开蒙启智『漫天撒下自由种』

PENG PAI

五四浪潮过后，马克思主义比“德先生”和“赛先生”更令生活在这个国度上的有知之士们为之振奋。而此时国内的局势更加混乱，民生更加凋敝，各种力量在中国的政治舞台上熙熙攘攘，到底谁能力挽狂澜，救人民于水火？

从教育入手开蒙启智

早稻田大学的学习开拓了彭湃的视野，更奠定了他深厚的马克思主义功底。

1921 年 5 月，彭湃即将毕业回国前，与他做过一次关于中国革命深谈的施存统，写信介绍他到广州面见时任广东教育委员会委员长的陈独秀。归心似箭的彭湃，除了随身带了几件衣物之外，回国的行李箱里塞满了马克思主义的著作和进步书刊。他怀着急欲将所学致力于救国救民之路的满腔热忱，回到了祖国。当踏上祖国的土地——上海后，他就不顾旅途的疲劳，写下了《日本的五一》一文，向国人介绍日本劳动人民在国际劳动节示威游行的盛大状况。从上海回到广州后，他随即参加了广州社会主义青年团的工作。

1921 年前后的海丰社会，知识界思想十分活跃，陈独秀主编的《新青年》和李大钊的著作，以及介绍马克思主义和颂扬十月革命的出版物，是海丰青年争相阅读的书刊。彭湃留日期间的两次回乡活动和“毋忘国耻”的血书，更是激起了海丰青年的爱国热情和对新文化的热切期求。彭湃决定回家乡海丰传播马克思主义。

因先前两次救国运动，此时的彭湃早已是海丰进步青年们熟悉和崇敬的对象。彭湃趁势将他们团结起来，学习马克思主义，探讨中国革命问题，并于1921年7月组织成立“社会主义研究社”，团结和引导他们追求和热爱真理。社员们走进工厂、商号宣讲世界工运的发展形势，走到集市上向赶集的农民讲解地租问题，这些都令海丰的工农群众耳目一新。那些闻所未闻的观点、启人心智的讲解，都是从前人们想都未曾敢想的创举，在寂静的乡村激起波澜，振聋发聩，这是马克思主义、社会主义思想的光亮，第一次照进海丰群众的心田。

到了思想进一步成熟的时候，彭湃又发起组织“劳动者同情会”，成员们深入乡村僻野，看到了中国乡村亟待启发的蒙昧民智；而极富感染力和极有针对性的宣传和演出，也让农民们无助无奈的眼神中有了光亮。

社会主义研究社和劳动者同情会的活动颇具成效，在当时海丰的知识分子中，“服务社会，劳动同情的声浪，一天高似一天”。这时，彭湃意识到更广阔的宣传阵地对思想传播的重要性，

1921 年 7 月，彭湃与进步青年郑志云、陈魁亚、林书等人组织社会主义研究社，图为绵德堂旧址

THE NEW HAI FONG

新海豐

海豐學生聯合總會編輯

要目

本刊宣言……本會

實驗主義的優勝和科學方法的重要……鄭志雲

可憐哉東吹西飃……馬醒

社會運動與海豐的鄉村……陳修

告工人……馬醒述

第一卷 第二期

《新海丰》杂志

《新海丰》由此应运而生。之所以取名为“新海丰”，意欲打破一个旧世界，创造一个新海丰。其意义就是“拿旧海丰的黑暗者而光明之”，“以促社会之进化到完美尽善的地位”。《新海丰》给寂寥黑暗的旧海丰注入了清新进步的风气，改造旧社会的呼号像一阵阵惊雷，呼唤着青年一代的觉醒和崛起。

彭湃在《新海丰》上发表的《告同胞》，正视苦难、直面惨淡，用洋洋数千字，分析造成农民困苦不堪、潦倒窘迫的根源，毫不留情地把社会肌体的痼疾剖解开来，还让人们了解到唯有社会革命才能“破坏现社会的缺陷——压迫，贫乏，无智”，从而建设新社会，找到理想的生活。尽管彭湃对马克思主义的认识还有不成熟的地方，也没有给工农群众指出一条有着明确纲领、方法的路径，同时过于强调破坏时代和国家，但不可否认的是，《告同胞》仍带有那个时期先进理想的光辉。彭湃满怀着革命的激情和必胜的信心，在文章的最后发出呼唤：“我们赶快觉悟！我们赶快结合！我们赶快进行！我们赶快将新社会实现在我们的眼前！”这如同一声惊蛰之番，预示着革命的疾风暴雨即将来临，冲刷在这块多灾多难的土地上盘结了太久的污浊。

彭湃为海丰带来了新风和希望，他的身旁集结了一大批胸怀

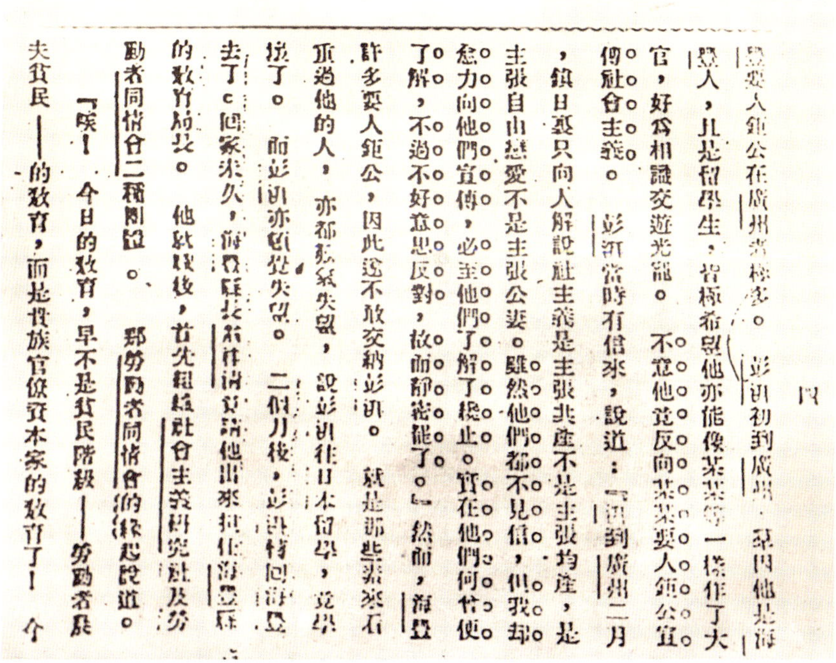

豐要人鍾公在廣州者極多。彭湃初到廣州，衆因他是海豐人，且是留學生，皆極希望他亦能像某某等一樣作了大官，好爲相識交遊光寵。不意他竟反向某某要人鍾公宣傳社會主義。彭湃當時有信來，說道：「湃到廣州二月，鎮日裏只向人解說社主義是主張共產不是主張均産，是主張自由戀愛不是主張公妻。雖然他們都不見信，但我却盡力向他們宣傳，必至他們了解了纔止。實在他們何嘗使了解，不過不好意思反對，故而都說罷了。」然而，海豐許多要人鍾公，因此遂不敢交納彭湃。就是那些素來看重過他的人，亦都或多失望，說彭湃往日本留學，竟學壞了。而彭湃亦頗覺失望。二個月後，彭湃轉回海豐去了。回家未久，海豐縣長翁桂清請他出來擔任海豐縣的教育局長。他就職後，首先組織社會主義研究社及勞動者同情會二種團體。那勞動者同情會的緣起說道。「唉！今日的教育，早不是貧民階級——勞動者農夫貧民——的教育，而是貴族官僚資本家的教育了！个

1921 年 10 月 1 日，彭湃出任海丰劝学所所长

除旧布新理想的海丰青年，他们热情地宣传社会主义新思想，到处奔走呼告，破败社会里的人们要团结起来救自己。这年的 8 月，尚未背叛革命的陈炯明见彭湃在海丰青年中威信颇高，便想拉拢，于是约彭湃在广州会见。彭湃却利用在广州的时间，与当时正在广州工作的中国共产党人陈独秀，广州早期党组织、后来的广东党小组书记谭平山取得了联系，接受了党的教育和影响，

彭湃借教育局长之职传播马列

并于此间加入中国共产党，成为一名坚强的无产阶级战士。①

① 关于彭湃的入党时间，目前学界尚有不同的看法，根据已有的资料和考证看，大致有三个时间说法。

一是1921年。施存统（已改名施复亮）接受党史资料收集访谈，在《中国共产党成立时期的几个问题》中两次讲到曾经吸收彭湃加入党组织。第一次回忆时说："一九二一年七月后，东京小组发展到十来个人，其中有彭湃同志，还有一个好像叫杨嗣震，其余的名字已忘。"第二次谈话重复说道："小组开始只有我和周佛海两人，后来发展到十余人，现在记起来的有：彭湃、杨嗣震、林孔昭等人。小组成员多数是留学预备生……"

谭平山在很多场合承认1921年自己介绍彭湃入党。致公党主席陈其尤在《帮助彭湃到日本留学》的回忆文章里讲："在解放后有一次我和谭平山谈及彭湃时，谭说彭湃入党是他介绍的。"1946年出版的中国共产党第一本介绍革命烈士事迹的《革命烈士传略》，主编胡希明就彭湃入党一事专门问询过谭平山，谭平山说："彭湃同志是于一九二一年由我介绍入党的。"

（转下页）

在海丰学联总会和留省学会的极力推荐下，10月1日，彭湃正式就任海丰劝学所所长。彭湃在办公室大客厅的墙壁上挂了一幅他亲手画的一米多高的马克思画像，而他居所的墙上也贴了一副醒目的对联——“漫天撒下自由种，伫看将来爆发时”，决心以教育为阵地，培育革命的种子。

一上任，彭湃就开始旗帜鲜明地革除旧式教育的痼疾，大兴教学新风，并以此为理想，随即开展了大刀阔斧的改革，革新教学内容，发展乡村教育，举办女子学校，提倡体育运动，等等。他先辞退了劝学所局员陈壮南、吕焕茂、王鸿仪等腐败分子，代之以德高望重的林文（郁之）和年轻有为的陈魁亚为局员，海丰中学和陆安师范的校长仍由思想比较进步的黎樾廷（此人大革命失败后投靠国民党）担任，彭湃留日学友黄霖生继任工读学校校

（接上页） 谭天度于1922年春加入广东共产党早期组织，他曾讲：“我入党后，彭湃已在支部参加开会。彭湃也找谭平山研究过工作，后来，他即回海丰县从事农民运动。”根据他的回忆，彭湃是在回家乡海丰县任教育局长前加入广东共产党早期组织的。2021年5月9日中央电视台新闻联播百年丰碑中介绍彭湃为1921年入党。

二是1923年。1945年中央组织部编印的《死难烈士英名录》记载，彭湃的入党时间在1923年前后，据一些老同志回忆，彭湃的入党时间是1923年“七五”农潮以后。

三是1924年。根据1930年在党中央机关报《红旗日报》所刊登的《彭湃杨殷两同志记略》一文，说彭湃是1924年入党。

综上，本文选取1921年入党这一时间。

长，新聘留日学友杨嗣震为第一小学校长，李春涛为教员。这些局员、校长和教员，除了个别资深德厚、富有经验的老师外，绝大多数都是彭湃在海丰中学时的老同学和在日本留学时志同道合的学友。他们的汇入和集结，大大增强了彭湃对教育改革的信心。

彭湃突破传统观念的束缚，甘冒天下之大不韪，提倡创办女子学校，让妇女们能够自在地享有与男子们共同的权利。他的妻子蔡素屏就是他鼓励和发动的第一个走到女子课堂里的学员。蔡素屏是个旧式妇女，二人本是包办婚姻，但当彭湃了解到一旦退婚，这个女子的一生就毁了，于是他接受了这门婚事。他鼓励妻子放小脚，摆脱封建习俗的束缚，教她认字，还拉着她的手，走到大街上散步，帮助她养成女性的自信……最终帮助她寻找到信仰，并使她为这个信仰坚守到了生命的最后一刻。

彭湃的妹妹彭娟、二嫂王香、七弟媳杨华等也随蔡素屏之后，不仅自己报名入学，还发动更多的妇女勇敢地迈进校门。在她们身先士卒的鼓舞下，短短的时间内，便有100多人报名入学。女子学校里的教学内容也是新鲜活泼的，删除了那些封建礼教的说教和束缚，增加了李大钊、陈独秀、鲁迅等人的优秀作品。思想解放、得风气之先的教师团队们，得心应手地实现了大道至简的教学效果，卸下了禁锢在妇女们心头千百年的枷锁。

当时，海丰全县的教育经费约80%来源于农民，但海丰的中

1922 年，彭湃任海丰教育局长时，率领海城全体学生前往五坡岭植树

学、师范以及高等小学、国民小学，等等，都是富家子女们的专属特权。极少数农民接受了一丁点少得可怜的文化，也“通通都是压迫阶级欲农民世世代代为其奴隶，而赐予这些奴隶的文化”。而赐予这些“奴隶文化”的“学校”和“教育”正是禁锢农民“呻饥号寒的监狱”。

彭湃对这种禁锢人的旧教育制度深恶痛绝，他在 1921 年 7 月起草的《劳动者同情会缘起》中，就曾一针见血地对“教育与贫民分离”的制度进行披露。“今日的教育，早不是贫民阶级——劳动者农夫贫民——的教育，而是贵族官僚资本家的教育了”，

“不是图平民福利的教育，乃是专教资本家、官僚一般掠夺阶级的教育！”他发起了向旧教育制度的宣战，提出：“凡我们能力所能及的，必欲与劳动者协力工作，互相扶助，交换智识，以促成教育和贫民相接近。庶社会的革新，有些希望！”

同情农民的彭湃从推行农民教育入手，让生来就缺衣少食、终日只配去放牛拾粪的农民的孩子，把迈向农田的脚步迈进校门；让80%连自己名字都写不出的农民们，第一次知道了教育为何物。他还不辞劳苦，挨家挨户登门劝说，动员贫苦农民子弟尽量入学，还特地为要参加农事的孩子举办半日校或者夜校。重视教育之风在海丰悄然盛行。

得趣书室放飞的理想折戟沉沙

自幼擅长书画的彭湃，写了许多生动活泼、喜闻乐见的有关普及教育、推广农村教育、教育为劳动者和贫民服务的大“墙红”，贴在海丰人头攒动的街头，常引来过往行人驻足观看。

彭湃还身体力行，将雅俗共赏的美术课带进海丰中学、师范和第一高等小学。他的课总是通俗有趣，富有吸引力，而且寓教于乐，巧妙地在绘画中培养学生的革命思想，把社会主义、阶级斗争的道理全部融汇在绘画里。他常常用粉笔在黑板上画出马克思、列宁等革命导师的头像以及克里姆林宫的外形，热情地向学

得趣书室门匾

生们介绍无产阶级的革命导师和世界上第一个劳农作主的革命国家，并把马克思终生为之奋斗的社会主义、共产主义和人类的理想社会，形象简括地描绘出来。

彭湃不仅向学生传授知识，而且善于引导、启发学生思考。有一次，彭湃给海丰第一高等小学学生上理科课程《蝗虫与稻》。当讲到蝗虫对水稻的危害时，他做了一个生动的比喻：蝗虫好比地主，水稻好比工农。要使水稻生长茂盛，必须消灭蝗虫；工农群众要过幸福的生活，必须团结起来进行革命，消灭剥削。

又有一次，他在黑板上画了一个“7”字样，问学生：“这是什么？”有的说是数字“7”，有的说是耕田的锄头。彭湃则严肃

得趣书室

地说："这是地主、资本家、官僚绅士们经常用来摆威风和敲打工人、农民和贫苦百姓的手杖。"彭湃看着课堂上几十双饱含疑问的眼睛，深切地说，我们画它，是不要忘记拿着这种东西打人的人是我们的敌人。"它是压迫人民的工具，我们拿铁锤和锄头的劳苦大众，永远要认清拿手杖的压迫阶级，团结起来同他们作斗争！"彭湃铿锵有力的声音久久回响在课堂上，也久久回响在学生们的心头。

彭湃的讲课总是这样生动而又深刻，凡是听过他讲课的人都久久难忘，而他的住处得趣书室也经常有学生三五成群地前来畅谈。彭湃平易近人，丝毫没有官僚习气，每当学生或教师称呼他彭所长、彭先生时，他都让学生们叫自己“湃哥”，最好是叫“同志”，还专门把“同志”这个新鲜的名词解释给大家听。

因他赤诚相待、热忱欢迎，前来得趣书室登门求教的人络绎不绝。有一天，一群高小学生到得趣书室找彭湃，谈论究竟理科学习和实际劳动哪一个对推动和改造社会更有意义。彭湃说：“理科是以唯物辩证法的观点来分析和改造自然的，自然界不合理的就要改，使之为大多数劳动者造福”，“人是要劳动才有人生的意义，也只有劳动，才能创造物质财富，造福于劳苦大众和自己。”这样闪耀着人文光辉的讲解，让在困顿中迷茫的学生们茅塞顿开。春风化雨般的循循善诱，将马克思主义思想的种子，播撒在海丰青年们的心中。这些向着未来的心聚在一起，日后将成长为掀起海丰社会滔天巨浪的伟力。

这伟力是从拆除海丰第一高等小学门前的那一道墙开始迸发的。墙壁上原本写着“天官赐福”“泰山石敢当”等字样，为了破除这种思想对百姓思想的束缚，彭湃带领学生动手拆掉了这面墙。学生们一边七手八脚地拆除墙面，彭湃一边不失时机地告诉他们，“天宫”被打倒了，“泰山”也被搬走了，靠的是什么？靠的就是大家不信神、不靠天，只要团结一致、齐心协力，再大的“泰山”也能被摧垮。

彭湃认为拆除城墙有利于破除人们头脑中的封建迷信思想，1922 年 2 月间，他再次率领学生拆除海丰城墙。海丰城内开始了一场拆城和护城的激烈斗争。大地主陈月波早已对推行教育改革的彭湃心怀怨怒，在斗争愈演愈烈之时，更是纠集了一群无赖之徒，袭击了彭湃所在的海丰县教育局（原劝学所），捣毁了办公室，被视作袭击目标的彭湃，却机警地从后门脱身。然而，暴行并没有因此罢休，直至海丰县署，胁迫县长罢免彭湃的教育局长职务才偃旗息鼓。3 月 3 日，彭湃从汕头取道香港抵达广州，19 日在广州提出辞去海丰县教育局长的职务，一时间激起了海丰教育界和县学生联合总会的群情激愤。

“五一大游行”声震乡野

广州对于彭湃来说，是他留日归来与陈独秀、谭平山等思想先驱者们共谋发展大计之地，也是他踏上共产主义道路的起点。当从教育入手的改革在海丰遭到守旧势力倾山倒海的抵制后，彭湃再一次回到了广州这个可谓他社会主义理想的孕育之地，寻找为理想奋斗的正确道路。

那时广州社会主义青年团的运动已蓬勃兴起，宣传马克思主义思想的进步书刊，在青年受众中广为流传。在广州出版的《青年周刊》又为传播新思想提供了园地。广州的空气中都弥漫着改革的新风。彭湃虽然仅逗留了一月有余，但却目睹了社会主义青年团群情迸发的运动，这振奋了他重整旗鼓、继续战斗的信心和决心。

4月27日，彭湃从广州回到海丰，此时距五一国际劳动节已不足几日的时间了。他当机立断，决定利用庆祝五一国际劳动节的活动，组织全县学生进行宣传“国际无产阶级争取解放斗争”的游行，让“劳工神圣”“社会革命”的理念走出学堂，得到更为广阔的传播。彭湃还挥笔写下一首激荡人心的《五一劳动节歌》：

今日何日？
五一劳动节，
世界劳工同盟罢工纪念日。
劳动最神圣，
社会革命时机熟。
希望哥哥与弟弟，
劳动两字永牢记。

这首歌很快被带到第一高小进行合唱和排练，彭湃、李春涛、杨嗣震还亲临指导，300多名师生济济一堂，只听得“劳动神圣”的声音伴着音符飞出了教室。在排唱了一遍后，为歌曲伴奏的高小校长陈淑娟突然站起来对彭湃说：“我们的哥哥弟弟，要劳动改造世界，难道我们的姐姐和妹妹，不用劳动改造世界吗？这一句‘希望哥哥与弟弟’改为‘希望兄弟与姊妹’更好。”这不正契合了彭湃推行妇女教育、解放妇女的本意吗？彭湃连连称赞说：“不错不错，就这样改。”

1922年的五一国际劳动节当天，彭湃向第一高等小学的全体师生作了题为《纪念五一国际劳动节的意义》的报告。而原本计划组织全县各校学生参与的纪念游行活动，因接连三天的滂沱大雨，延期至5月4日。这一天，彭湃特地选了一位身材高大的学生，高擎写着“赤化”两个大字的红旗走在前面，乐队步伐整齐地紧随其后，敲锣打鼓、奏着乐曲。浩浩荡荡的师生队伍，手执各种标语，高呼“劳工神圣”的口号，唱着《五一劳动节歌》，从海丰的大街小巷里穿过，引得不少群众沿街驻足观看，甚至还有不少人自发编组跟在队伍后，一起哼唱《五一劳动节歌》。

这是海丰历史上前所未有的大游行，给沉闷守旧的海丰社会撕开了灌入新鲜空气的一角。因其提出革命和赤化的口号，佐以

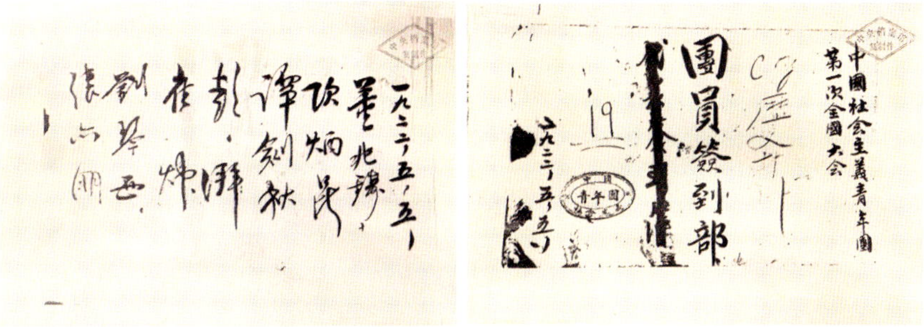

1922 年 5 月，中国社会主义青年团第一届全国代表大会在广州召开，彭湃参加了会议，图为参会团员签到簿

声势浩大的方式，给海丰带来了非同寻常的震动。一边是彭湃带领的队伍振奋激昂、声势浩大，而另一边，是豪绅地主们惊慌失措、极度不满，海丰县城一时纷乱喧嚣。陈炯明闻讯，如坐针毡，急电海丰县长翁桂清：“湃如不职，可择能任之。”很快彭湃被正式撤去教育局长的职务，除此之外，“县中所有思想教新的校长教员们纷纷的下台了”。这让彭湃再一次意识到海丰的旧势力早已深入腠理，革除一个旧社会的顽疾犹如剜疮解毒，改革的斗争不能仅靠一时、一事。

豪绅地主们借彭湃被撤去教育局长一事大肆攻击，说彭湃提倡社会主义是“唱高调”“离我们的生活太远”，等等。为了进行针锋相对的斗争，不放弃唤醒工农，彭湃和李春涛等在得趣书室办起了自己刻写的油印刊物——《赤心周刊》，“自命是工农群众

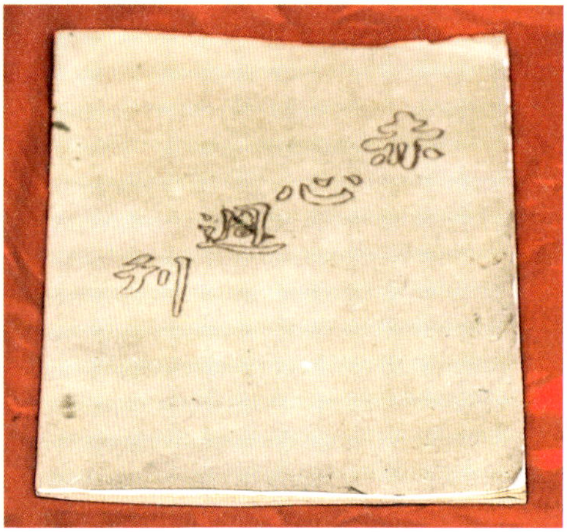

《赤心周刊》

的喉舌”。彭湃为《赤心周刊》精心绘制设计了有寓意的封面：一个衣衫破烂又满腔怒火的人，用尽全身的力气挣断自己身上的脚链和颈链，巍然屹立在地球之上，画面上端用刚劲有力的字体书写了“全世界无产者联合起来”的横幅，画面下端是挣断了的一节一节断落的锁链。这是彭湃对《共产党宣言》的鲜活解读。

1922 年 5 月 14 日，《赤心周刊》出版了第一期，语言通俗，图文并茂。当时还是海丰第一高小学生的余汉存，回忆当年读过之后的感受时说：“使我萦绕脑际，永远不会忘记的是，其一：画了一座宝塔，最底层是工人、农民，受压迫和剥削最惨。在工农背上是贪官污吏，土豪劣绅。再上一层是军阀，最顶峰是帝国主义。其二：绘一工人，身材高大魁梧，被资本家的铁链捆缚着。他觉悟了起来，愤怒地两手大力一挣，挣脱捆在身上的铁链，一节一节的落地，工人兄弟解放了。”

彭湃的表兄弟马可光，负责《赤心周刊》的油印工作，他写过一首打油诗：“北风吹来呼呼响，半夜不闲思前情。想起‘得趣’印书刊，一夜印到天大光。《赤心周刊》好名声，传播真理撒红种。想到工农翻身日，越思越想越高兴。”

针对一些人提出的到底什么样的人才配提倡社会主义、从事社会革命的问题，彭湃在《赤心周刊》第四期发表的《谁应当出来提倡社会主义》一文中解答道：“社会主义并不是主张社会一部分的改良，是主张全体的改造。”他还特别希望富有人家的、受过教育的人出来提倡社会主义，更应该起来革命：“他们生在较富的人家，受教育的机会当然比别人多些，或是程度比别人高深些，所以他就应该比别人的觉悟更彻底些，更猛烈些！”这说明彭湃已开始跳出阶级的局限，并围绕“社会革命”来思考解决社会问题的方案。

6月14日，彭湃在《赤心周刊》上发表一篇题为《告农民的话》的文章，号召农民起来斗争，并表示愿意拿出家中的财产来帮助和支持农民。但作为文字刊物，《赤心周刊》的影响实际上还是限于“有智识的人”，但广大的工农群众并没有直接得到什么启示。彭湃坚定地认为，若是这篇文章给农民们看到了，那必定是非常欢喜的，他相信农民是一定可以团结起来的。

卸任了教育局长的彭湃后来也承认，当从教育入手的改革遭到旧势力的竭力抵抗而最终归于失败之后，他发现身后可依赖的力量中竟没有一个是工农，“街上的工人和农村的农民也绝不知我们做什么把戏”。他试图“从教育入手去实现社会的革命”的梦想彻底破灭了。《赤心周刊》出版了六期之后便停刊，他决定放弃所谓的口诛笔伐，到农村去开启革命的新征途。

四

笃信马氏 『采取一种主义去帮助农民』

PENG PAI

彭湃很早就意识到在中国这广袤国土之上，占人口80%的农民是革命的伟力，他决定到农民中去发动力量。彭湃的战友李劳工曾忆述他第一次见彭湃，就问："你们办这个农会是不是本着马克思主义？"彭湃表示他信仰马克思主义，同时强调："要之，我们不是叫农民来曲就主义，我们是采取一种主义去帮助农民。"

"十二分坚决的"到农民中去

让海丰那些达官显贵们出乎意料的是，被迫卸下教育局长职务、"从教学入手"改革的失败，并没有让彭湃就此闭门思过、善罢甘休，反而让他"如释重负"，他开始了一种全新的探索。他从海丰的实践当中开始渐渐感到，要唤醒工农，发动工农，就必须到群众中去，尤其是要到农民中去做农民运动。他开始把注意力真正转移到依靠工农方面上来。

早在早稻田大学学习期间，彭湃就开始认识到唯有走社会主义道路才能救中国。同时，他又从中国实际出发，认为中国是农业国，农民占比超过80%，社会革命要发动和依靠农民。1921年三四月间的一席长谈，更令施存统认为彭湃"对农民运动的重视比我们任何人都早"。

当时，中国共产党成立还不足一年，党对农村工作的认识还不深刻，还没有找到马克思主义与中国具体革命相结合的道路和纲领，因此各地的农民运动都显得势单力薄。彭湃想要发动工农、到农民中搞运动的这个看法，在海丰社会主义青年团中引起了不小的争论，团组织当中除了杨嗣震赞成彭湃的想法之外，其他多数团员并不赞同彭湃到农民中去。他们反对的理由是“农民像一盘散沙，不容易团结起来”，“农民散漫极了，不但毫无结合之可能，而且无智识，不易宣传，徒费精神罢了”。而彭湃的家庭成员更是群起攻之。当初彭家花了不少银两送他赴日留学，为的是他有朝一日能当上一官半职，为家族奠定社会地位，而如今彭湃走上的道路非但没能让彭家有半点光耀门楣，反倒是越来越离经叛道，革命竟革到自家门庭上来了。

而彭湃是抱定了一种“我即贫民”“我即现社会制度的叛逆者”的态度，和一种欲救民于水火之中的革命理想走向农村、走到农民中去的。他毅然谢绝了粤省长当官的邀请，背弃了家族的期望。他在给李春涛的信中这样写道：“十二分坚决的，遂把这个形单影只的我，送到农村去作单独的奋斗。”1922 年 6 月，彭湃义无反顾、孑身一人走进乡村，走到苦难深重的农民中去，走上了一条崭新的革命道路。

那时的海丰，在军阀、官僚和地主豪绅的野蛮掠夺下，民

从事农运时的彭湃

赤山约是彭湃开始农运的地方

不聊生。当地曾流传这样的民谣："苛捐杂税多如毛，家在深山也难逃。"彭湃决定先从离家不远的赤山约开始。当他满腔热忱、一路激动地思考着怎样向农民宣传革命道理，兴冲冲地走进赤山约的农村时，却当头一棒地遭遇了农民的冷眼和不解。那些饱受压榨之苦，因长年"面朝黄土背朝天"而直不起腰的老实农民，一见彭湃头戴白通帽、脚蹬皮鞋、身穿洁白的学生服，误以为他是"官贵"子弟，前来收捐的官差，纷纷唯恐避之不及。

连连碰钉的彭湃，看着眼前空荡荡的山村，心头不禁惆怅，回想下乡之前朋友们劝他"农民散漫极了……不要徒费精神"那句话，更是烦恼。这一天，彭湃又饿又累，一无所获。回家后也没能饱餐一顿的他，打开下乡日记第一页，用笔写下"今天成绩等于零"，但他愈挫愈奋，认真总结了第一天到农民中宣传革命道理的经验和教训。

第二天，东方刚露鱼肚白，彭湃就已经走在去田间的道路上了。路遇挑粪的农民时，他总恭敬地站在道旁让道。他特地走进昨天去过的那个村子，比先前更加热情地和农民攀谈。一位农民问："先生，你是来收账的吗？"彭湃连忙摇摇头说："不是，不是，不是，我是来帮你收账的。"正当这位农民面露讶异之时，彭湃赶紧不失时机地向他指出，农民终年辛勤劳作但却缺衣少粮，全因不劳而获的制度造成。可这位农民一脸苦笑，无奈地说：“这是命中注定的，食租的久久是食租，耕田的久久是耕田。”彭湃深入农村的第二天，同样是在目睹家家户户大门紧闭中度过的。他独自在乡间徘徊了很久，才背着西沉的日头回家去了。

而家中等待他的却是漫天的指责和责恨。几日农运回来，他的家人都板起面孔不说话。彭湃曾说，“我的大哥差不多要杀我而甘心”，同族们也认为他不求上进、自甘堕落，嘲讽他、非议他。家族的反对和质疑，农民的冷漠和躲避，非但丝毫没有动摇他“十二分坚决的心”和意志，还更让他一刻不怠地去思考和总结，如何让农民愿意接受他、信任他。他相信：“川流百折终到海，不怕拐弯，只怕不动，若是永久不歇的动，一定会成功的。”

终于有一日，彭湃找到了总是被拒之门外的症结。他在日记里这样写道：“一来我对农民所说的话，太过文雅了”，“二来，我的面貌身体服装与农民不同，……一见我就疑是他们的敌人……总不欢喜和我接近。”

彭湃开始想方设法退去富家子弟和知识分子高贵深奥的作派。他先对自己进行了一番改造，摘下白通帽，戴上尖顶竹笠，脱下鞋子，光着脚板，穿着粗布衣服，带着农民最爱的旱

1921 年 7 月，彭湃偕同蔡素屏到海城灵爷庙前，向感激的农民演讲《社会问题与社会主义》与《农民问题与地租问题》

烟筒，踩着乡间泥泞不平的小路，走到田间去了。徐向前曾回忆说，“他（彭湃）身穿普通的农民衣服，脚着一双草鞋”，“在农民家里吃饭，饭碗上沾着鸡屎，他毫不在乎，端起碗来就吃”。

“六人农会”令革命不再“形单影只”

彭湃为了让农民们从心底里接受他，还去帮农民拔草、车水、舂米，利用在地头小憩的时间，跟他们谈心。他将文雅的词句和书面术语，转换成通俗易懂的俗话讲给农民，将革命的意义和农民的疾苦结合在一起，让农民们第一次听懂了革命的语言和理想。他用海丰方言编了《田仔骂田公》的童谣教孩童们歌唱："咚咚咚！田仔骂田公。田公在厝吃白米，田仔耕田耕到死。田是公家个，伊无份，你无份；有好做，有好食；你有做，反无食；唔是命唔好，是你无去想清楚……"牧童听后很高兴，不一会儿就学会，童谣很快就传开了。

但彭湃并不满足于这种规模微小、田头聊天的宣传方式，在仔细考察乡情后，他特地选择到城乡相接的交通要道旁的龙山天后庙前作讲演，因为常有来往赶集的农民在庙前的大榕树下歇脚纳凉。彭湃就用这个间隙，打开自己从广州带回来的留声机播放歌曲吸引来往的农民。当农民三三两两聚集起来的时候，彭湃便开始一遍遍历数农民的苦难、地主的罪恶，让农民知道只有团结起来才能救自己。来听彭湃讲演的农民越来越多……接连几天，彭湃都早早来到天后宫前的大榕树下，留声机一开，好奇的农民就围拢过来。一连半个月，每天来听彭湃讲演的农民从十多人增至三四十人，与彭湃主动交谈的农民也有十来人。

虽终日于田间奔走，但彭湃忘却了疲劳，忘却了富家子弟的

彭湃开始革命宣传的地方

天后庙前大榕树今貌

身份。田埂间的风吹日晒，将他白皙的皮肤变成了棕褐色；繁忙不停歇的宣传，更使他无暇顾及早已蓬乱的头发和满是污垢的衣衫……那个曾经风度翩翩的留日归国的大学生，就这样彻头彻尾地变成了一位瘦削精干的农民青年。彭湃也由此成为中国农村马克思主义大众化的开拓者和推动者。

正当彭湃在与农民群众结合的道路上迈出了可喜一步的时候，来自海丰地主豪绅们的谣言和非议铺天盖地而来。无论他走到哪里，都会有人对他指手画脚地议论，说他“发狂”，是个

彭湃宣传革命思想时用的留声机

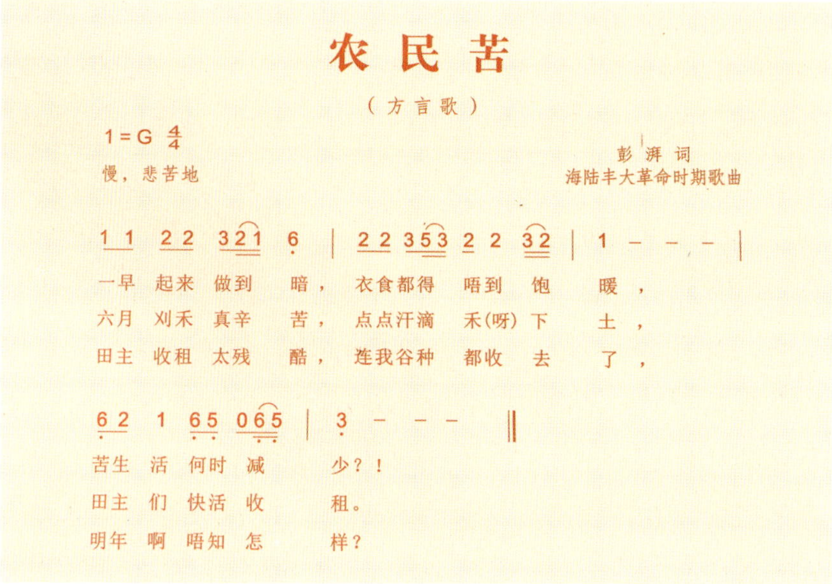

彭湃创作的海丰方言歌《农民苦》

“疯子”，家族里甚至还有人拎着果品前来探望他的“病情”……彭湃得知后仰天大笑，并意味深长地说：“我希望不久的时间里，有很多像我这样‘发疯’和‘神经’的人出现。”

7月的海丰，骄阳似火、燥热难安，彭湃照例顶着火辣的日头到龙山天后庙前作讲演。这一天，彭湃讲演的主题是“农民团结起来”，这是他预备已久的。但他不知道的是，今天的这次讲演会带给他一个石破天惊的新起点。

彭湃站在大榕树下，开始了新一天激情饱满的演讲。他讲到，如果农民可以有自己的组织和团体，就可以把自己的力量团结起来，那时地主阶段就敌不过我们了，种种苛捐杂税、盘剥劫掠尽可免除……话音刚落，只听人群中有人充满质疑地高声责问："车大炮（广东方言，吹牛、浮夸之意），说减租，请你们名合（彭湃家店铺名）不要来逼我们的租，我才相信你是真的。"这时，没等彭湃回话，旁边一位青年农民就站起来驳斥道："你这话真是错了，你是耕'名合'的田，'名合'如能减租，不过是你的利益。我呢，不是耕'名合'的田，怎样办呢？所以现在是我们能否团结的问题……今日不是打算你个人的问题，是打算多数人的问题。"字字珠玑，句句中肯，他不仅戳中了问题的要领和实质，更是对农运和革命与彭湃有着共同的理解——为了多数人。

这个青年人叫张妈安，他常到榕树下听彭湃演讲。半个月来他不断地反复思考，打心眼里认同彭湃的思想。这是彭湃结识的第一个农民知己，两人一见如故。彭湃视他为"同志"，邀请他前往得趣书室畅聊。

当晚，张妈安如约而至，还带来了 4 位多次听过彭湃的演讲、对彭湃宣讲的道理很是信服的农友林沛、林焕、李老四和李景。几位年轻人一见面就无拘无束地畅谈起农民如何团结起来寻

得趣书室大厅，这里是
六人农会诞生的地方

六人农会铜像

求解放的大事。他们谈得十分融洽而热烈，共同的理想让他们感到一种紧紧团结在一起的力量。李老四立刻提议："我们几个先立一个农会。"彭湃当即回应道："那好极了！"其他人纷纷赞同，就这样，在彭湃走进乡间宣传革命的一个月之后，终于有5位农民主动站出来，愿意与他并肩作战，一个为贫苦农民争利益、求解放的"六人农会"成立了，这是广东的第一个农会，也是中共早期农会的雏形。在彭湃主持下，大家共同宣誓，服从指挥，严守秘密，不许出卖同志。对未来的无限憧憬，让几位志同道合的年轻人在热烈讨论中完全忘记了时间。

等送走了新结识的战友后，已是深夜，而彭湃依然兴奋不已，夜不能寐的他在当天的日记里写道："成功快到了！"每个笔画里都透着他的欣喜、信心。海丰的农民运动由彭湃形单影只的孤军奋战，进入到有组织的崭新阶段。

星火初燃在赤山约

在六人农会成立后的第二天，彭湃办农会的消息随即传开。当天就有农友因无钱办丧事而得到了彭湃代表农会捐出的钱款，农友切身体会到农会是为贫苦农民谋利益的，当即报名参加农会。于是，农会的影响迅速扩大起来，这让彭湃备受鼓舞，他决定利用农会到农民中去发动更广大的力量。

根据农友们的意见，彭湃对宣传内容和形式进行了创新和改进，以更有效地帮助农民认识地主阶级的罪恶和团结起来革命的道理。他帮助农民算了一笔账，用一排排密密麻麻的数字让农民恍然大悟，原来祖祖辈辈的穷苦不是天命，而是被剥削走了。他又发挥自己多才多艺的特长，花了几天的工夫，专门学会了变魔术。一次演讲时，他端出一杯清水，只见他用手朝水中一点，清水立刻变成了黑水；手又一点，黑水忽地变成了红水；手再一拍，杯中又出现了两条活蹦乱跳的小鱼。场院里爆发

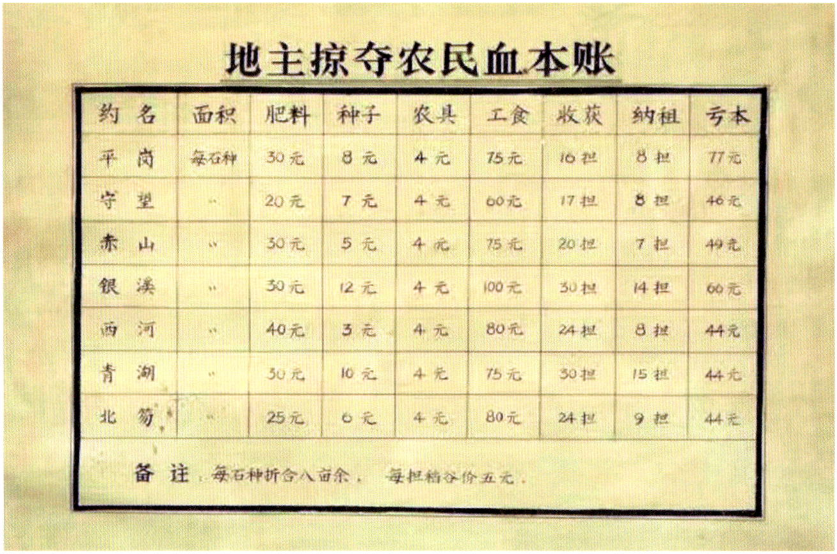

地主掠夺农民血本账

约名	面积	肥料	种子	农具	工食	收获	纳租	亏本
平岗	每石种	30元	8元	4元	75元	16担	8担	77元
守望	〃	20元	7元	4元	60元	17担	8担	46元
赤山	〃	30元	5元	4元	75元	20担	7担	49元
银溪	〃	30元	12元	4元	100元	30担	14担	60元
西河	〃	40元	3元	4元	80元	24担	8担	44元
青湖	〃	30元	10元	4元	75元	30担	15担	44元
北笏	〃	25元	6元	4元	80元	24担	9担	44元

备注：每石种折合八亩余， 每担稻谷价五元。

地主剥削农民的血账

出热烈的掌声，场外的农民们闻声不断地围拢过来。人头攒动之间，彭湃指着清水大声说：“我们的祖先原本就像这杯清水，干干净净、清清白白，因为有了后来的剥削才让劳苦大众过得像黑水一样的日子。随后彭湃再端出那杯红水说，十月革命胜利后，就像日头出了山，世界被照出光亮的红色，而两条游来游去的小鱼就好比我们农民，在革命的水里才能欢畅自由地生活。”语毕，人群中爆发出热烈的掌声，农民们无不深切感受到了这鱼水关系。

在彭湃和农会的努力下，来听宣讲的农民越来越多，彭湃的语言也更加深入人心。他用深入浅出、形象生动的分析，不厌其烦地开导、教育还在徘徊观望的农民们：“我们加入农会，即是联合的过河，手握手的进行，如一个跌下河去，就手握手地接起来，所以农会是互助扶助，亲如兄弟的机关。”经过两个月的发展，至 1922 年 10 月赤山约农会成立时，会员已达 500 人，这是比六人农会更加成熟，开始运用马克思主义来团结、教育和组织农民的新型农民组织。

成立之初就有着严密组织和奋斗纲领的赤山约农会，兴办了一些对农民有利、直接改善农民生活的公益事业。如在海丰大街上办起了一间农民医药房，农会会员看病一律不收诊费，药费减半，会员的婴孩出生免收接生费，这都让农民切身体会到农会实

赤山约总农会旧址

实在在的好处，也使得农会在农民中的声望与日俱增，加入农会的农民日以数十计。1922 年 11 月 18 日，彭湃在给李春涛的信中，表达他对农民们的觉醒感到十分欣喜，“他们实在不乏聪明的人。他们对于农会的组织，都具有很强烈的情感。他们现已渐有了阶级的觉悟”。

五

弃富庶身家如蔽履的农运先驱

PENG PAI

革自己的命，散尽家产，彻底把自己从富家子弟变成一介布衣，让耕者有其田……是什么让他奋不顾身，放弃一切，背弃家族走上一条截然相反的道路？

“革”自己的“命”

彭湃越深入农民，他与他的地主家庭和阶级之间的沟壑也就越深，此时的他再次拒绝了去省城做官的邀请，而他的大哥则向他提出了分家，借此胁迫彭湃停止正四面开花的农运活动。不想，这反而让彭湃决心先从自己家开始革命。

他将自己分家所得的田契亲自送给佃户，表示田地谁耕便归谁所有。可佃户们都不敢要，担心被秋后算账，纷纷把田契退回。于是，彭湃便心生一计。1922 年 11 月的一天，彭湃邀请戏班在距自家大宅百米开外的龙舌埔广场上演戏，吸引了成百上千的农民前来看戏。演出结束后，彭湃拿着一大捆田契登上戏台，一张张宣读田契所写的内容、地点、亩数和佃户姓名，然后当众一把火将属于他自己的所有田契烧毁了，将手一扬，说：“耕者有其田才公平，从此一升一合不必担还给我。”

台下的农民沸腾了，一把火点燃的不仅是他们团结起来革命的烈焰，还有的是对眼前这位与自己富庶出身彻底决裂的彭湃的崇敬和信任。他们由衷地赞叹彭湃是真革命的：“彭湃出身大地

烧田契浮雕

主家庭，为革命能舍弃一切，我们农民为自身的解放有什么不可舍弃的呢。”第二天，彭湃火烧田契的事情便迅速传开了去，传遍了海丰、陆丰大地。“还地于民，旷古未闻”，惊醒了寂静的山村。

这一年，彭湃 26 岁，留学回国一年有余。这把火，烧掉了至少 70 石租的田产。彭湃还地给农民，让耕者有其田，决绝地将自己从富家子弟变成了“无产者”。这位旧制度的叛逆者却浮着笑意说：“湃的生活路，通通为湃自己塞尽了。但是可以慰藉湃的，还是赤山的农民。湃也不愿和现在最有生机的农会及亲切可爱的农民离开了。”而这一次，曾经担心领导农运的儿子会散尽彭家家产的母亲周凤，也将自己的积蓄和首饰变卖，给农会作经费。

赤山约农会建立之后，彭湃就在为筹建海丰总农会不辞劳苦地奔走。他吃遍了“四乡茶饭，日日早出夜归”，海丰的每一个约、每一个乡都留下了他的足迹。他用与旧势力斗争的决绝行动和深入浅出的鼓动宣传，让他们深信农民是中国革命的伟大力量，迅速地感召了更多的农民加入农会，彭湃由此成为农民们信赖和敬仰的领袖。在彭湃培育了一大批农民积极分子的同时，也有不少革命知识分子加入了农会，农运迎来了迅猛的发展。至1922年底，全县共有22个约、98个乡建立了农会，“此时加入会员已达二万家户，以农会管辖下之人口计，有十万人”，相当于全县人口每4人中就有1人参加了农会。

基于各种条件的成熟，1923年1月1日，海丰总农会成立了，这是中共最早成立的县级农会。彭湃在《海丰总农会临时简章》中明确提出四个“图”：图农民生活之改造，图农业之发展，图农民之自治，图农民教育之普及。这四个“图”，是彭湃提出的总农会的纲领，包含了农民运动的全部目的和农民的全部利益。总农会的任务是：“以联合各约农会，本合群之天职，互助

1923 年 1 月 1 日，海丰总农会成立，彭湃被推举为总农会会长，会员近 10 万人。7 月，成立广东总农会。图为总农会旧址

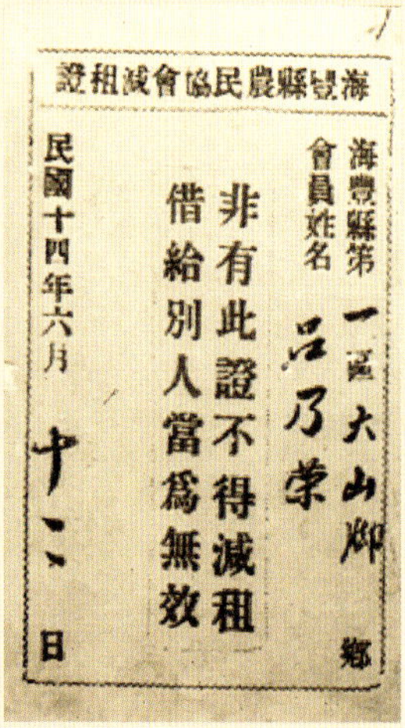

海豐縣農民協會減租證

海豐縣第一區大山鄉鄉

會員姓名呂乃榮

非有此證不得減租

借給別人當爲無效

民國十四年六月十二日

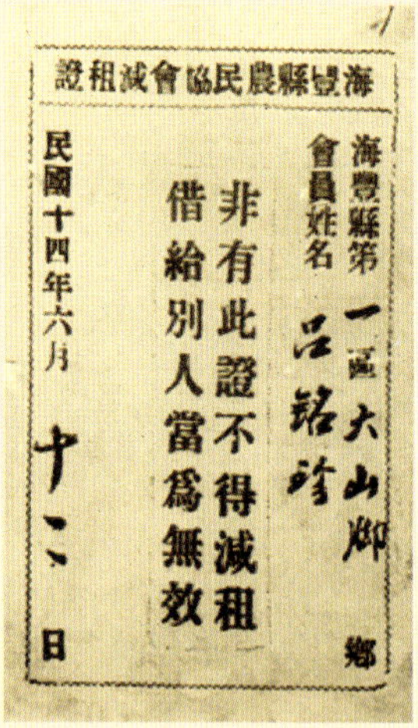

海豐縣農民協會減租證

海豐縣第一區大山鄉鄉

會員姓名呂銘珍

非有此證不得減租

借給別人當爲無效

民國十四年六月十二日

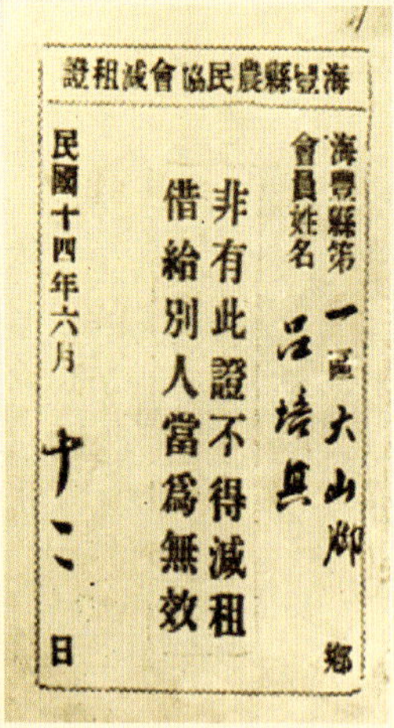

海豐縣農民協會減租證

海豐縣第一區大山鄉鄉

會員姓名呂培興

非有此證不得減租

借給別人當爲無效

民國十四年六月十二日

海丰总农会会员证

彭湃设计的农会会旗

农会图章

之精神，唤醒农民之自觉，而实行本会所定之纲领为宗旨。”

彭湃还亲自为海丰总农会设计了一面乌红两色对缀四联合的会旗。农会的印章也由彭湃设计为圆形，以区别于四方形的官印。这个县级农会的成立，把中国新民主主义革命时期的农民运动推向了有纲领、有领导的新阶段。

海丰总农会燃燎原之火

海丰总农会成立后，彭湃开始注重从政治、经济、教育、医疗等涉及农民基本生存权利的诸多方面，真心实意地为最广大的农民谋利益。海丰总农会有了更深层次的“主张大多数人的利益”的改革，减租减息，改良土地和谷物，发展农村教育和医疗，帮农民打官司，促进农民的团结协作，等等。

农会重视知识分子的作用，经过“农民教育”理念的催生，

彭湃在开展农运的时候，办了一间农民医药房，凡是农会会员就诊免费，凭会员证买药仅收一半药费，下图为药房今貌

不到半年，海丰就办起了十多所农民学校，使得“与教育绝缘的农村儿童有五百余人得入校读书了”；而年轻农民经过“农民学校”的教育，在短时间内积累了一定的文化，可不再受地主欺诈，还能为农会出力做事。农会带领农民胜利取得了管理各类市场的权利，将管理市场的收入拨作农民医药房的经费。农会最亮眼的举动，则是将农民组织起来植树造林，不仅将光秃秃的赋闲山岭变为可经营、增加收入的山林，还教会了农民如何团结协作、共同增收。这种给人带来看得见、摸得着的利益的农民运动模式，一经生发就深受农民群众的欢迎。

1923 年春节，是海丰总农会成立后的第一个春节。海丰总农会决定组织一次农民新年同乐会，以检视农民的力量，振奋农民的斗志。正月十六日这一天，旗帜林立，鼓乐喧天，6000 多名兴高采烈的农民从四面八方涌来。大会开始后，当彭湃讲道：“无产的民众们未得到革命以前，无年可乐，因为过年的时日就是剥削者逼债的时日，我们有苦可联，而无欢可联”时，许多农民不禁声泪俱下。但当彭湃讲到我们农民今天团结起来了，组织起来了，再不受奴役之苦时，农友们又精神百倍、同仇敌忾。许多农民深受触动和感染，当场报名入会，“计是日加入农会已发会证者二千余人……极一时之盛”，以后入会者每日增加百余人。

彭湃领导海丰农民闹革命、创建海丰总农会的事迹，迅速传

1957 年，海丰人民兴办彭湃医院，以志纪念

到邻近各县以至全省。从海丰农民运动的兴起中看到了希望，受到了鼓舞，他们一传十、十传百地传颂着彭湃如何背叛地主家庭，如何烧毁田契与农民同甘共苦，如何领导农民闹革命的故事；他们也有了组织起来、行动起来、为自己的解放而斗争的迫切愿望。很快，点点星火呈燎原之势迅猛发展。到了 1923 年 5 月，海丰、陆丰、归善三县共有 70 余约、500 余乡成立了农会，拥有了 20 余万会员。

这年的五一国际劳动节更是一次空前盛大的集会，到会的除了这三县的8000多位农友外，竟还有汕尾的造船工人100多名和附城的学生1000余人。万余农友、工人、学生喊着“无产阶级团结起来”的口号，高擎旗帜举行了声势浩大的示威游行。农民先锋队伍高举着一面写着“劳动节纪念大巡行”的红旗和一面农会大旗，走在队伍的最前面，随后的队伍举着写有“反对升租吊田”“反对国际资本主义”“打倒军阀”和“赤化”等字样的长方旗。万人队伍中人人都手拿着写有标语的小红旗，沿途散发彭湃起草的《海陆归三县农会“五一”宣言》传单数万张。

这次集会突破了海丰原有农民运动的范畴，第一次将工、农、学三股力量联合在一起，汇成反封建革命运动的巨大洪流，与1922年彭湃发动学生举行“五一”游行时“背后绝无半个工农”有着天壤之别。连彭湃自己都认为这次劳动纪念节的游行，“而竟这样热烈，此后海丰的农民运动，将愈不可思议了”。

在彭湃和农会成员的精诚团结下，除海丰、陆丰、惠阳之外，紫金、五华也建立了农会。随后，将海丰总农会改组为“惠州农民联合会”，农民运动又发展影响到潮安、揭阳、潮阳、普安等地。1923年7月，“惠州农民联合会”改组为“广东省总农会”，彭湃任省农会执行委员长。

那些本对农会不以为意、认为农民玩不出花样的地主豪绅们，对农会逐渐浩大的声势和农民蓬勃壮大的力量感到极度震惊，他们请求武力镇压农会。一时间，海丰上空乌云压顶，一场地主和农民之间的生死搏斗大有一触即发之势，一场波澜壮阔的“中国农民的阶级斗争，将现出于南部海丰一隅”！

减租抗争中迸发“农民万岁”的号角

正当海丰的农民运动风起云涌之时，中国共产党领导的工人运动却在二七惨案后遭遇了挫折。1923 年 6 月在广州召开的中国共产党第三次全国代表大会上，除了着重讨论国共合作问题之外，还聚焦如何发展工农运动。陈独秀在报告中指出，党在过去的工作中“很少注意农民运动”。因此在大会结束后，显然对海丰一年来农民运动的业绩有所了解的陈独秀，特意邀请彭湃前往广州“商农会事”。

不料，7 月 26 日的一场突如其来的狂风暴雨，挡住了彭湃赴约的道路。这场大风雨持续了 20 多个小时，海浪奔突冲决了堤坝，一幢幢房屋倒塌在急流倾泻的山洪中，即将收割的农作物毁于一旦。痛失家园的农民们纷纷跑去农会求助。面对如此险重的灾情，彭湃忧心如焚，暂停了前往广州的计划，立刻和农会组织救灾队，乘船去抢救被困百姓，还奋不顾身地带领农民们肩扛沙袋，修堤筑塍，疏导洪水……

这场天灾给海丰带来了“有史以来未曾有之损失”。而此时正值早稻收获季节，怎样向地主交租，就成了农民们除了重建家园之外最为关切的问题。海丰总农会很早就意识到了这个问题，专门召开会议讨论农民该怎样交租。彭湃也认识到，当前“农村的阶级斗争骤然呈出很好的现象，阶级的对立很分明”，斗争形势是高涨的。因此，不失时机地领导农民开展“减租运动”是发展农运、壮大农运的不二之选。彭湃决心领导海丰农民，进行一场前所未有的减租斗争。

8 月 2 日，海丰总农会召开了全县各约农民代表大会。因讨论的交租问题关系到每个农民的切身利益，所以会场里人头攒动，水泄不通。大会通过了“至多三成交租”的减租决定。总农会发表了《为减租而告农民书》，不仅告知农民长期以来遭受的盘剥与压榨，还将平常年地主对农民的剥削、凶年减租后农民仍受亏损的现实用图表一目了然地展示出来，给农民上了一堂生动具体的“减租合理”的教育课。此外，农会还派出大批宣传员走街串巷宣传减租运动，使得全县农民，连小孩都会喊“至多三成交租”的口号。

减租运动的发展正如彭湃所意料，“农民加入农会者如风起云涌，日以数百计”，甚至与陈炯明有亲族关系的一些乡邻，也认识到只有农会是真正在为农民谋利益，纷纷要求加入农会，表示要万众一心，为“至多三成交租”奋斗到底。而与此同时，地主们的逼租更加肆虐。

8 月 5 日，海丰再次遭到台风袭击。随着灾情愈加严重，阶级之间的对立也愈加尖锐起来。中小地主慑于农民的觉悟和农会的力量，因急于想把粮食拿到手中，多被迫遵照农会的规定“至多三成交租”的办法收租了。但是大地主大豪绅们，却更加顽固和反动，其中以县长王作新、保卫团局长林斗文、劣绅丘景云等大地主为首，暗中联合各家地主，密谋扑灭农会。

不为淫威所屈的农会，仍然坚持于 8 月 15 日在海城召开全县农民大会。这一天，两万余愤怒的农民从四面八方涌来，浩浩荡荡开进了海城。他们驱逐警察，扯去布告，召开声势浩大的减租誓师大会。会场上群情激愤，斗志昂扬，“农民万岁”之声如雷霆万钧。而强大的地主豪绅们则恼羞成怒。王作新以县长的名义调集荷枪实弹的警察，并急电汕尾的粤军师长钟景棠，要他急赴县城镇压。但团结一心的农民们冲破重重阻挠，农会取得了很大的成功。

但缺乏战斗经验的农会岂能料到，在大会散场之后，一场精心策划的暴行正悄然实施。8 月 16 日拂晓，农会会所突然被兵分两路的警察、保卫团纷纷包围，“砰砰砰”的枪声惊醒了睡梦中的农会干部。农会干部虽顽强抵抗，但终因赤手空拳而终寡不敌

得趣书室中彭湃的房间

众。25位农会干部被当场逮捕，农会会所被强行占领。彭湃、李劳工、林甦因住在得趣书室得以逃过一劫。

被捕的农会干部杨其珊面对对方抛出的“彭湃利用你们去造反”的说词，据理力争道：“彭湃不是利用我们，是我们农民利用彭湃，因为彭湃所做的事，不是为他自己的利益，他是牺牲自己的利益为农民谋幸福的……彭湃帮穷人救穷人，如果是造反，那你们帮大地主资本家在这凶年压制穷人，岂不是大造其反吗？”

1923 年 8 月 16 日，海丰总农会遭王作新派兵镇压，杨其珊等 25 位农会干部被捕，脱险的彭湃等 40 余人撤往大嶂山开会商议对策

他的话音未落，气急败坏的王作新就咆哮一声“来人”，随即将杨其珊投入狱中，动用重刑。这一天是农历七月初五，海丰农民为了表达红心永向农会，每年的这一天家家户户都做“红圆”，并把这一天称为“红心节”。

“七五农潮”后，海丰农民运动虽然遭到封建地主阶级的镇压而被迫转移到地下，但是海丰农民反抗封建势力的壮举已成为全国农民运动的一面光辉旗帜。当时远在欧洲学习的周恩来就

海丰人民举行七五农潮二周年纪念大会

曾在旅欧总支部理论刊物《赤光》杂志上发表文章指出：“海丰百万农民的反抗运动……，引起了地主的恐慌。农民是一支庞大的革命力量，中国农民是可以在不久的将来加入革命战线的。”

智斗陈炯明

逃脱出来的彭湃，心忧如焚，一刻都不能安宁，他立即召集农友们开会，商量营救农会干部的办法。大家认为有希望利用陈炯明“支持”农会从而解救战友。这个判断是基于陈炯明在香港的一次谈话中表示过很佩服海丰农会，公开赞誉过彭湃如何能干，还邀请彭湃到香港会见，等等。彭湃接受了大家的建议，旋即和林甦等人向老隆镇出发。老隆镇是陈炯明部队因炮轰孙中山不久被赶出广州后的司令部驻扎地，距离海丰大约250公里，一路皆是崇山峻岭、深谷幽林，步行要六七天才能到达。他们一路风餐露宿、忍饥挨饿。

所幸的是，他们所到之处，无不遇到慷慨解囊的农民。农民们深知彭湃一路奔徙，是为解救农民、解救投身农民运动的农友，虽家徒四壁却倾囊相助，对彭湃拿出的答谢银两分文不取，答以“将来你们回来，农会恢复，那时你再给钱，我当和你收下”。有一次，彭湃终于说服一家农户收下他们借宿的微薄报酬。当他们起身告辞、渐行渐远后，彭湃却在不经意间从外衣的口袋里翻出了夹着钱的纸条。农民兄弟在纸条上写下了虽不工整但却质朴无华的字：“诸位先生是出来救穷人的，帮穷人做事的，……此银断不能取，特此奉还，祝一路平安！”寥寥数语，纸短情长。彭湃他们一路披星戴月、披荆斩棘，也一路被温暖的力量催促着，终于在8月23日到了老隆镇。

彭湃立即以农民代表的身份前去见陈炯明。他控诉地主豪绅的暴行，痛陈农民凶年的困苦无助。陈炯明一改常态，竟答应电令王作新释放狱中农友。电文大意：“凶年农民要求减租，事属正当，……至于捕杨其珊等二十余人，查非聚众扰乱治安，应即

海丰农民协会印章

省释，以免地方受害，并函知粮业维持会为要。炯明。”

彭湃等看了电报稿后，在“函知”二字下面加上“农会收”三字后发出，这样便意味着陈炯明承认了农会的合法存在。彭湃知道，不能把营救农友的希望全部寄托在陈炯明的一纸空文上。但无论如何，这封电令对于争取释放被捕农民是有利的。彭湃对这样的初步胜利是感到满意的。

9月初，彭湃离开老隆返回海丰。果不出其所料，很快彭湃就得知，那份电令不仅没有使王作新就此罢休，反而使其和身后的地主豪绅们变本加厉，海丰处于更深重的黑暗之中。

彭湃和农会干部立即重新研究对策，彭汉垣等留在海丰的农会干部，继续秘密与各地区的农会保持联系，积聚力量，以待时机；彭湃、李劳工等立即前往香港，争取陈炯明在香港的几个亲信以及社会力量的支持。

彭湃到香港后，即刻找到林晋亭。林虽是陈炯明的亲信，但为人正派，又是指引彭湃走上革命道路的老师，一向对彭湃很是器重，很支持彭湃改革社会的大胆设想。彭湃想通过他影响陈炯明，取得他对农会的同情和支持。与林晋亭的相见，还让彭湃重逢了彼时一同留日的同学黄毅，此时黄已是陈炯明的机关报香港《国华日报》的负责人和记者，他对恢复农会的支持也可以影响

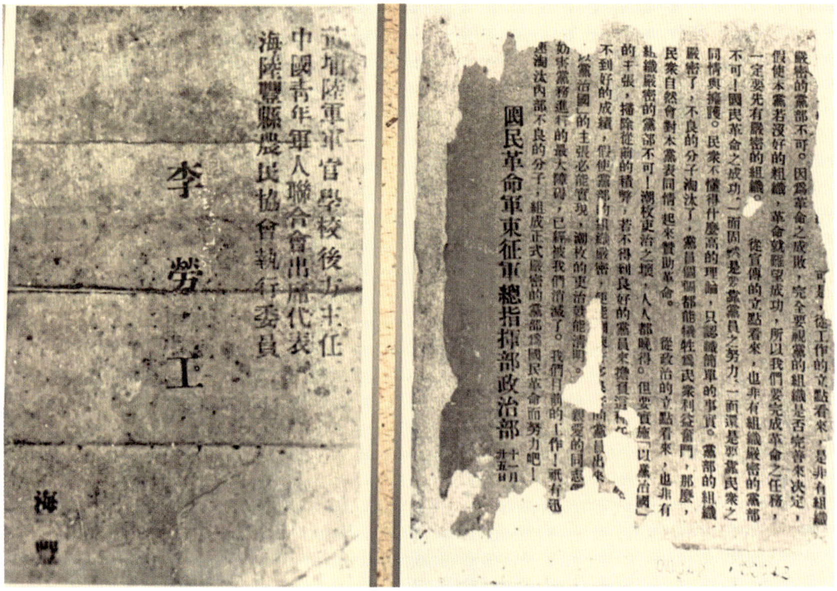
黃埔陸軍軍官學校後方主任
中國青年軍人聯合會出席代表
海陸豐縣農民協會執行委員
李勞工
海豐

[illegible]從工作的立點看來，是非有組織嚴密的黨部不可。因爲革命之成敗，完全要視黨的組織是否完善來決定，假使本黨若沒好的組織，革命就難望成功，所以我們要完成革命之任務，一定要先有嚴密的組織。從宣傳的立點看來，也非有組織嚴密的黨部不可！國民革命之成功，一面固然是要黨員之努力，一面還是要黨民衆之同情與擁護。民衆不懂得什麼高的理論，只認識簡單的事實。黨部的組織嚴密了，不良的分子淘汰了，黨員個個都能犧牲爲民衆利益奮鬥，那麼，民衆自然會對本黨表同情，起來贊助革命。從政治的立點看來，也非有組織嚴密的黨部不可！潮梅吏治之壞，人人都曉得。但要實施「以黨治國」的主張，掃除從前的積弊，若不得到良好的黨員來擔負這[illegible]不到好的成績，假使黨部的組織嚴密，[illegible]向黨員出來[illegible]以黨治國」的主張必能實現，潮梅的吏治就能清明。親愛的同志[illegible]妨害黨務進行的最大障礙，已將被我們消滅了。我們目前的工作！祇有迅速淘汰內部不良的分子，組成正式嚴密的黨部爲國民革命而努力吧！

國民革命軍東征軍總指揮部政治部 十一月廿五日

李劳工名片卡

到陈炯明。

奔波之余，彭湃还与李劳工一起深入到香港人力车夫中去做募捐宣传。他们中有不少是来自海丰的破产农民、农会会员，在听了狱中农友的惨状后，虽囊中羞涩，但却出于大义捐赠了共80元寄回海丰帮助狱中难友。

11月底，彭湃与李劳工离港再度前往老隆镇，敦促陈炯明兑现释放农友的诺言，但陈炯明却百般推诿。这让彭湃更加清醒地认定，没有从天而降的救世主，要解放就只能靠农民团结起来去救农友、救穷人。

六

播火燎原　铸『农民运动大王』英名

PENG PAI

彭湃的脚步几乎踏遍了海陆丰大大小小的村庄。两年多的海丰农民运动风生水起，如海潮澎湃，激起巨浪拍岸，这让彭湃对革命的未来更加充满了信心。他决心迎着革命的风浪，把农民革命运动的火种，撒向全省乃至全国。

十万农友大联合的胜利

1923 年 11 月，彭湃为了联合各县农会来援助海丰农民，筹款救济在狱中的农友及其家属，在汕头发起组织“惠潮梅农会”。短短时间内参加惠潮梅农会的已有海丰、陆丰、惠阳、紫金、普

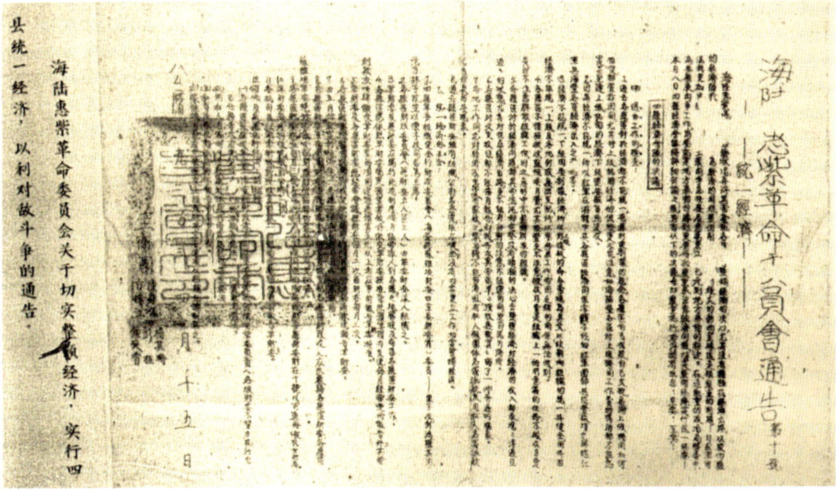

海陆惠紫实行四县统一经济的通告

宁、惠来、澄海、潮阳、潮安、五华等十个县。

彭湃机智地利用当时的报纸将东江各县农民发动起来组织农会的消息和活动加以宣传报道，引起社会上对农民运动的瞩目和重视；同时彭湃还将各地农会建立、发展的情况，随时电告给陈炯明。陈炯明想不到农会在这样短短的时间里能由海丰一县发展到十余个县，拥有数十万会员。他担忧彭湃及其领导下的农会将来成为威胁其统治的“东江之患”，多次拍电报给彭湃，表示对彭湃的“钦佩”，对农会的“支持”，并接二连三来电请彭湃去惠州同他一起共议大事。彭湃将计就计，将陈炯明“支持”农会，邀请彭湃去惠州的电文在当时的报刊上一一公开发表，致使汕头地区的官僚们纷纷转为公开表达“热心支持”农会。一次，彭湃等去汕头市政机关为海丰农民募捐筹款，他们也都争先恐后地“解囊相助”，使农会得以筹集五六百元寄回海丰救济狱中的农友。

12月下旬，彭湃认为革命的声势已经造成，争取释放农友、恢复海丰总农会的时机已经逐渐成熟了，便决定利用陈炯明来电邀请他去惠州议事的机会，和李劳工重返海丰。

海丰的地主豪绅们听说彭湃回来了，心里五味杂陈，尤其是他们看到几个月来，彭湃不但未因海丰农会的解散而消沉下去，反而联合了十余县的农民，力量更加雄厚和壮大，连陈炯明也对

海丰县第三次农民代表大会开幕合影

彭湃和农会礼让三分，不得不开始对彭湃和农会表示“尊敬”起来。连王作新逢人都说“彭湃本人我是十二分拜服的”，钟景棠也派亲信前来登门拜访彭湃，带来了“钟师长是很拜服你的人格的口信”。

农会会员们听说彭湃回来了，奔走相告，纷纷到得趣书室找彭湃叙话谈心，强烈要求恢复农会，组织起来，武装自卫。有人问：“你们还敢再做农会，人押在狱里尚未放出，仍敢再试?”农民们侠肝义胆地回答：“生为农会人，死作农会鬼，杀头也是要干的!”他们不仅这样说，实际上也是这样做的。农会被迫解散后，许多农民仍然坚持斗争，在局势动荡的时期，竟还有300多农民秘密加入了农会。农民们这种渴望解放、勇于斗争的精神激荡着彭湃的内心，他决心排除万难，率领他们继续斗争。

为尽快恢复农会、营救出狱中的农友，彭湃决定利用地主豪绅内部王作新与钟景棠之间的矛盾，进行巧妙的斗争。一天，彭湃去见钟景棠，当钟得知不仅农会确已发展到十县，陈炯明电请彭湃一事也千真万确后，被迫同意释放狱中的农民，以挽回自己在群众中的影响。经过彭湃等农会干部长达半年的斗争，被押的狱中农友终获释放。

1924 年 2 月上旬，彭湃召开了各约农民代表会议，筹备恢复海丰总农会。彭湃鞭辟入里地告诉大家，狱中农友的获释决不是陈炯明的恩典，更不是钟景棠、王作新之流发了善心，而是靠农民大联合的力量。敌人最害怕的是什么？就是农民的大联合。正是惠潮梅十余县农民的联合，才迫使陈炯明、钟景棠、王作新向农民低头让步。彭湃敏锐而深刻地意识到，“单单是海丰一个农会，天样好的也是无用的”，他已决心把农民运动扩大到全广东、全中国、全世界去。

向着全中国散播农运“种子”

正当彭湃积极筹备海丰农会的恢复工作时，陈炯明来电告知彭湃即将回海丰为其弟办丧事。彭湃决定利用这个机会，争取陈炯明公开承认海丰农会的合法地位，他立即组织各乡农民到离城十多里的新寮桥去“欢迎”陈炯明。但农民们听说是欢迎陈炯

粤军总司令、广东省长陈炯明

明，多不愿去。农会只好临时下令抽调三五十人前去，燃炮、敲锣鼓、高唱歌曲以吸引群众，果然附近乡村的男女小孩五六百人赶来看热闹。农会趁机发给他们每人一支小旗，组成欢迎队伍列于道旁。

陈炯明是个爱面子的人，见来欢迎的人如此之多，心中甚为欢喜。当致欢迎词的农会干部杨其珊提出恢复海丰农会的要求时，陈炯明一时高兴，居然应允道："工商学都有会，农民哪可无会！"于是恢复农会的工作得以公开合法。接下来的发展更是意想不到的顺利，短短的时间里各地农会先后恢复，总农会也定于农历二月十三日举行恢复典礼。

眼见农会即将恢复，海丰的地主豪绅们又急又恨，纷纷跑去陈炯明处大进谗言，说彭湃“做事太过激了”，又诬告农会“私造”尖刀准备“造反”“暴动”，力图阻止总农会的恢复。彭湃知道后立即到陈炯明处，和这帮地主豪绅进行面对面的斗争。他说：“农民们在惨遭这风灾水祸之年，完全无收的情况下，还克服千难万苦，实行‘至多三成交租’的规定，可说是忍着眼泪割肉填租，这不仅不是过激，可说是温和极了；相反，过激的是地主豪绅们，全然不顾农民们的死活，强行勒索，硬要十成交租，又诬告农民造反，将二十多位无辜的农民拘捕监禁起来！”他进而严厉地警告说：“你们残酷剥削农民，吸尽了他们的膏血，他们已经无路可走了，他们现在已经觉悟起来，再也不能让你们任意欺侮了！”在听了彭湃的讲话后，连在场的陈炯明的两个护卫都跑来表示愿意早早加入农会。

而此刻的陈炯明，看着眼前为农民据理力争、言之凿凿，因怒火中烧而不能自已的彭湃，忧虑地感到彭湃与农会的羽翼日益丰满起来，他们为求耕者有其田、为求翻身解放的烈火已蔓延开来，将直接威胁到他的统治权力和阶级利益。

就在海丰总农会举行恢复庆祝大会的前一天，陈炯明亲自面谕海丰县长王作新下令解散农会，“如敢故违，定必严加究办。”海丰的形势陡然起了变化。为了积蓄革命的力量，农会决定暂时转入地下秘密斗争。3月26日，彭湃与李劳工暂时离开海丰，经汕头转赴香港再赴广州，争取社会对海丰农民运动的更广泛支持和援助。杨其珊、郑志云、彭汉垣、陈修等则留在海丰组织了“十人团”，继续领导海丰农民开展地下斗争。

办农讲所培育“农民运动之推动机”

彭湃虽因农运受挫暂时离开了海丰和海丰的农民，但是他并没有因为斗争中出现的新的曲折而灰心、退却，他坚信“农会虽被摧残，然农民经此次之经验，阶级的认识益加鲜明”，此刻他对马克思主义更是日益深信。1924年国共合作时期，彭湃以中共党员的身份于4月上旬抵达广州，出任国民党中央农民部秘书，指导广东农民运动。他坚信“中国的内乱就是我们散布种子的机会”，他决心把农民革命运动的火种，撒向全省、全国。

在一次国民党中央执行委员会的例会上，广东大学校长邹鲁提道：“农民有了农民协会组织，不但要求减租，连租种沙田的佃户也抗缴广东大学沙田附加捐，致使广东大学经费受到影响，农民运动的矛头不应该指向政府当局。”彭湃以详细论述广东农民生活的苦况作回应，“非减租农民难以生存。沙田佃户如再要

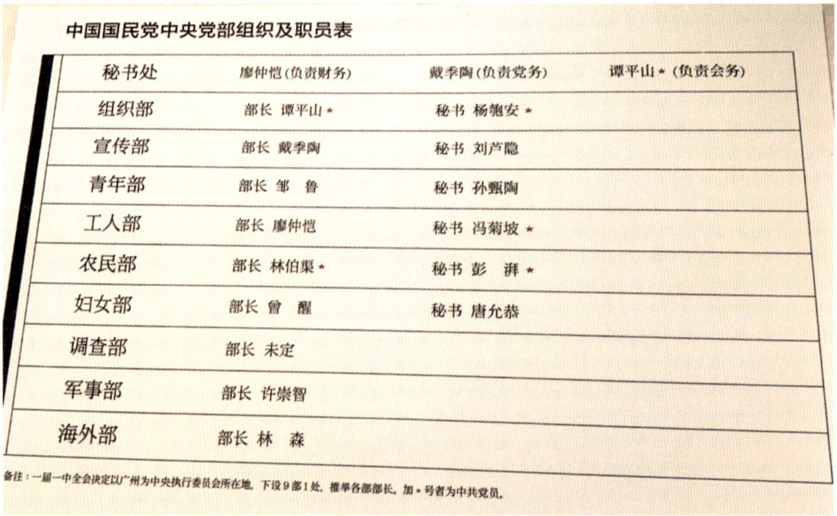

中国国民党中央党部组织及职员表

秘书处	廖仲恺（负责财务）	戴季陶（负责党务）	谭平山*（负责会务）
组织部	部长 谭平山*	秘书 杨匏安*	
宣传部	部长 戴季陶	秘书 刘芦隐	
青年部	部长 邹　鲁	秘书 孙甄陶	
工人部	部长 廖仲恺	秘书 冯菊坡*	
农民部	部长 林伯渠*	秘书 彭　湃*	
妇女部	部长 曾　醒	秘书 唐允恭	
调查部	部长 未定		
军事部	部长 许崇智		
海外部	部长 林　森		

备注：一届一中全会决定以广州为中央执行委员会所在地，下设9部1处，推举各部部长。加*号者为中共党员。

中国国民党中央党部组织及职员表

缴纳附加税，将使生活陷于绝境”。在场的孙中山先生突然发问：“农民既耕沙田要亏本，何以不谋别业？”彭湃当即回答：“沙田佃户如池中鱼，池水干涸了，仍然不得不困在干池塘里，他们哪能到别的池塘去呢？”孙中山听后，点头不语。

随着省内农民运动的此起彼伏，广东各地农会竞相呼应地建立起来，彭湃深感培养农运干部已是革命发展的当务之急，迫切需要大量懂农民、知农运、具备先进思想的干部到农村去，更有效地指导和开展农民运动。于是，他及时向国民党中央执委会提出了开办农民运动讲习所的建议。1924年6月30日，国民党中央执委会召开了第39次会议，决定“组织农民运动讲习所，以一个月为讲习期间，讲习完毕后选派为农民运动特派员”。随即，彭湃投入讲习所千头万绪的筹办工作中去。

晨星未坠身先起，夜静深更仍未眠。为了聘请教学人员、拟订教学计划，彭湃废寝忘食，终日伏案工作。在孙中山的支持下，第一届广州农民运动讲习所于1924年7月3日，在广州市越秀南路89号的惠州馆正式开学。彭湃任第一届农民运动讲习

第一届农讲所所在地

所主任，共招收学员38名（其中共产党员和社会主义青年团员共20名），他们来自广东各地，“其中以五四运动奋斗的经验而觉悟到要入民间去’之分子为多，次则为农民已接受本党政纲而做农民运动于前者，次则工人曾参加工会组织运动者，有女生二名”。

开课后，彭湃更是通宵达旦地工作，风尘仆仆地满城奔走。为把学员培养成为“坚忍卓绝之农民运动战斗员”，彭湃聘请了廖仲恺、谭平山、阮啸仙等当时国共两党的领导人和其他进步人士到农讲所讲课。彭湃在百忙中还亲自给学员授课，以自己从事农民运动的切身体会和经验来启发学员。正如学员肖一平回忆说的：“他讲的课程很实在很具体很生动，他把在海陆丰搞农民运动的经验总结教给我们，是我们以后在广东开展农民运动的最好知识。”既有理论又有实际的生动讲课，再配以彭湃与生俱来的、在农运中更是淬炼得炉火纯青的演讲口才，常常令学员们钦佩信服、赞叹不已，更为他舍弃身家、彻底地与农民站在一起、为农民的利益而斗争的果敢决绝所感染。

为了让学员能够更好地适应农民运动的实践，彭湃还带领学员到黄埔军校进行严格的军事训练，既学习军事理论知识，又学习实际的军事技术。白天学习队列操练、持枪、刺杀、瞄准、实弹射击，利用地形地物进行森林战、山地战、村落战的训练，还

广州农民运动讲习所概况表

INTRODUCTION TO THE GUANGZHOU PEASANT MOVEMENT INSTITUTE

届别	主持人	时　间	招生人数	毕业人数	所　址
1	彭　湃	1924.7.3—8.21	38	33	越秀南路53号惠州会馆（现越秀南路89号） 
2	罗绮园	1924.8.21—10.30	225	142	
3	阮啸仙	1925.1.1—4.1	128	114	东皋大道1号（现东皋大道礼兴街6号） 
4	谭植棠	1925.5.1—9.1	98	76	
5	彭　湃	1925.9.14—12.8	114	114	
6	毛泽东	1926.5.3—9.11	327	318	惠爱路番禺学宫（现中山四路42号） 

广东农讲所概况表

第五届农讲所举办的军训

进行夜间演习，等等。

农讲所的根本宗旨是要为开展农民运动培育主力军，彭湃十分重视实践，对“学生除正式授课外，最注意所外活动，凡星期日须有农村运动实习，……及东西南北四郊之实际调查与革命宣传组织”。这种理论与实践结合的教学方法，让学员们真正了解中国农村和中国农民的生活，懂得农民的语言，学会发动、组织农民和建立农会的实际本领。广州市郊的深井、鱼珠、东圃、黄埔、长洲等处都留下了彭湃和学员们调查、宣传的足迹。虽然农讲所的学习生活紧张，但学员“意气奋发、尽忘疲劳”。

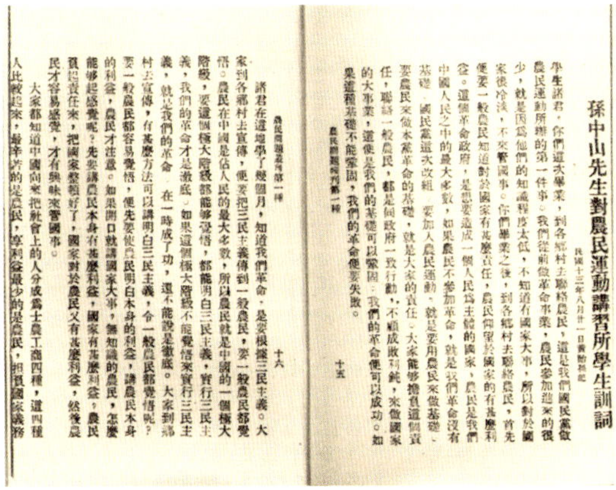

孫中山先生對農民運動講習所學生訓詞

民國十三年八月廿一日黃埔演說

學生諸君，你們這次畢業，到各鄉村去聯絡農民，這是我們國民黨做農民運動所辦的第一件事。我們從前做革命事業，農民參加進來的很少，就是因爲他們的知識程度太低，不知道有國家大事，所以對於國家很冷淡，不來管國事。你們畢業之後，到各鄉村去聯絡農民，首先便要一般農民知道對於國家有甚麽責任，農民仰望於國家的有甚麽利益。這個革命政府，是想要造成一個人民爲主體的國家，農民是我們中國人民之中的最大多數，如果農民不參加革命，就是我們革命沒有基礎。國民黨這次改組，要加入農民運動，就是要用農民來做基礎，要農民來做本黨革命的基礎，就是大家的責任。大家能夠擔負這個責任，聯絡一般農民，都是同政府一致行動，不顧成敗利鈍，來做國家的大事業，這便是我們的基礎可以鞏固，我們的革命便可以成功。如果這種基礎不能鞏固，我們的革命便要失敗。

農民問題叢刊第一種　十五

農民問題叢刊第一種　十六

諸君在這埸學了幾個月，知道我們革命，是要根據三民主義。大家到各鄉村去宣傳，便要把三民主義傳到一般農民，要一般農民都覺悟。農民在中國是佔人民的最大多數，所以農民就是中國的一個極大階級，要這個極大階級都能夠覺悟，都能明白三民主義，實行三民主義，我們的革命才是澈底。如果這個極大階級不能覺悟來實行三民主義，就是我們的革命，在一時成了功，還不能說是徹底。大家到鄉村去宣傳，有甚麽方法可以講明白三民主義，令一般農民都覺悟呢？要一般農民都容易覺悟，便先要使農民明白本身的利益，講農民本身的利益，農民才注意。如果開口就講國家大事，無知識的農民，怎麽能夠起感覺呢？先要講農民本身有甚麽利益，國家有甚麽利益，農民負起責任來，把國家整頓好了，國家對於農民又有甚麽利益，然後農民才容易感覺，才有興味來管國事。

大家都知道中國向來把社會上的人分成爲士農工商四種，這四種人比較起來，最辛苦的是農民，享利益最少的是農民，擔負國家義務

農民問題叢刊第一種

孫中山先生對農民之訓詞

民國十五年九月中國國民黨農民運動講習所編印

孙中山对农讲所学生的训词，载农讲所编印之《孙中山先生对农民之训词》（右为封面）

第五届农讲所毕业合影

中國農民　　農民運動講習所

（二）章程及科目

第一章　入學資格及手續

第一條　年齡在十八歲以上，二十八歲以下，身體强壯，勤敏忠實，無惡劣嗜好，在中學畢業及有相當之程度者，始能合格，第二三四屆不限中學卒業，凡農民協會會員，或佃農子弟均一律錄取，並聲明不收田主及紳士的子弟。

第二條　凡合於前項資格，經本黨各級黨部負責人介紹，或由各地農民協會之負責介紹與保證，并携帶四寸半身相片及國民黨黨證，始得報名，考試合格者取錄。

第二章　學額與考試

第三條　本屆學額定□□名。

第四條　筆試，口試，檢驗體格。

第三章　修業期限

第五條　定三個月畢業，如修業期滿，考試合格，由農民部給予畢業證書。

第四章　教授科目

第六條　（甲）關於本黨主義者

一　三民主義與五權憲法

二　國民黨黨綱及宣言

（乙）關於中國國民革命之基礎智識者

一　甚麼是帝國主義

二　帝國主義侵略簡史

三　中國民族革命史

四　各國革命史

五　社會學淺說

六　政治經濟之淺釋

七　各國政黨狀況

八　法律常識

九　中國秘密社會簡史

十　每週政治報告

（丙）關於農民運動之理論及其實施方畧者

一　農民運動之理論

二　世界農民運動史畧及其現勢

三　農民協會與自衛軍之組織法

四　農民運動現況及其趨勢

五　中國農業情形及改良方法

六　農村教育

七　合作運動與農村之關係

八　中國工人運動及工人狀況

（丁）關於實習宣傳訓練者

一　統計學

二　閱書報與造論

三　演說與集會實習

四　辯論會

五　唱歌

六　圖畫

（戊）軍事訓練

（已）農民運動見習（於假日或星期日爲之）

第五章　待遇

第五届农讲所科目表

经过40多天的紧张学习和实践锻炼，第一届农讲所的学员们于1924年8月21日顺利毕业。这天，孙中山亲临大会致辞，赞扬农讲所成绩卓著，并作了“耕者有其田”的重要训词。他指出国民革命必须发动农民，解决农民的痛苦，革命才可以成功；学员们肩负着历史的重任，毕业后深入农村发动农民是农民运动要办的第一件事。

第一届农讲所学员在殷殷嘱托下肩负着舍我其谁的责任毕业了，32名学员中有24人被国民党中央农民部委派为农民运动特派员，分别奔赴全省各县开展农民运动。国民党中央农民部在1926年总结农讲所的工作时，把第一届毕业的学员称为“农民运动之推动机”。彭湃创办首届农讲所是中国共产党培育革命干部的一个创举，其经验为以后各届农讲所采纳和沿用。

铸就“农民运动大王”英名

1924年9月初，周恩来从法国归来，经香港乘船抵达广州，这让彭湃和阮啸仙喜出望外，他们早早地等在长堤码头上迎候，这也是周恩来第一次见到久闻英名的农民运动领袖彭湃。旅居法国时期，周恩来就很关注彭湃从事的海丰农民运动，还专门撰写了关于海丰农民运动的文章。

周恩来与彭湃一见如故。驻留在广州的这段日子里，周恩来

周恩来与彭湃在广州朝夕共处的住处（今文明路 213 号）

就住在彭湃的居所里，他们朝夕相处，白天各自奔波推动革命的他们，夜晚有更多的时间可以促膝长谈，共商大业。周恩来向彭湃讲述法国的工人运动的现状，彭湃向周恩来讲述农民运动的所思所得。在对彼此革命理想和信念的确认后，他们建立了深厚的革命友谊。

在毛泽东、彭湃等的努力下，中国共产党领导的农民运动，开始燎原到全国。在广东革命政府第一次东征后不久，1925 年 2

1925 年 3 月 20 日，海丰总农会为了培养农运基层骨干，在准提阁创办海丰农民运动讲习所。同年，海丰妇女解放协会在这里成立。1927 年 11 月中旬，中共海丰县第一次党员代表大会在这里召开

月，在周恩来的指导下，中国共产党海丰支部成立，彭湃任党支部书记。

经过一年的宣传、发动和努力，全国农民运动在 1926 年有了更加迅猛的发展。为了适应革命形势发展的需要，5 月至 9 月毛泽东主办了第六届广州农民运动讲习所。彭湃为学员讲授海陆

选派学生

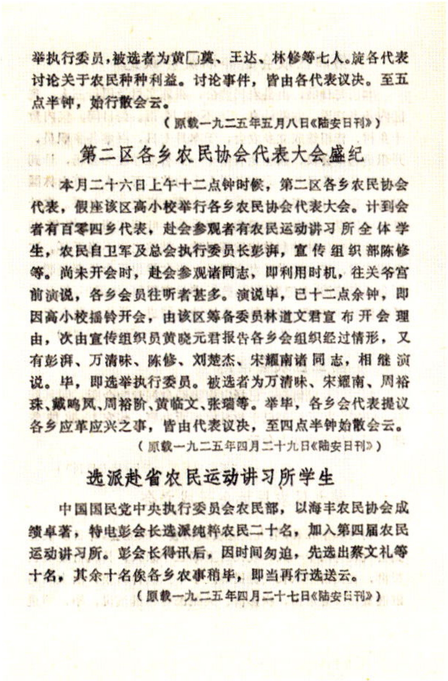

举执行委员，被选者为黄□蓂、王达、林修等七人。旋各代表讨论关于农民种种利益。讨论事件，皆由各代表议决。至五点半钟，始行散会云。

（原载一九二五年五月八日《陆安日刊》）

第二区各乡农民协会代表大会盛纪

本月二十六日上午十二点钟时候，第二区各乡农民协会代表，假座该区高小校举行各乡农民协会代表大会。计到会者有百零四乡代表，赴会参观者有农民运动讲习所全体学生，农民自卫军及总会执行委员长彭湃，宣传组织部陈修等。尚未开会时，赴会参观诸同志，即利用时机，往关爷宫前演说，各乡会员往听者甚多。演说毕，已十二点余钟，即因高小校摇铃开会，由该区筹备委员林道文君宣布开会理由，次由宣传组织员黄晓元君报告各乡会组织经过情形，又有彭湃、万清眯、陈修、刘楚杰、宋耀南诸同志，相继演说。毕，即选举执行委员。被选者为万清眯、宋耀南、周裕珠、戴鸣凤、周裕阶、黄临文、张瑞等。举毕，各乡会代表提议各乡应革应兴之事，皆由代表议决，至四点半钟始散会云。

（原载一九二五年四月二十九日《陆安日刊》）

选派赴省农民运动讲习所学生

中国国民党中央执行委员会农民部，以海丰农民协会成绩卓著，特电彭会长选派纯粹农民二十名，加入第四届农民运动讲习所。彭会长得讯后，因时间匆迫，先选出蔡文礼等十名，其余十名俟各乡农事稍毕，即当再行选送云。

（原载一九二五年四月二十七日《陆安日刊》）

丰等地农民运动的经验和成绩，不仅使学员们更加坚定了从事农民运动的决心和信心，更使得全国的农民运动有了可参考的范本。

毛泽东对彭湃领导的海丰农民运动的成就也深表钦佩，他曾派广州第六届农民运动讲习所的300多名学员到海丰实习考察两个星期，热情地称赞彭湃为“农民运动大王”。

从1923年起，彭湃还把平日里组织农民运动的经验和教训，以及所思所得，都真实地记录了下来，汇编成书。在夜以继日地

毛泽东创办的第六届农讲所所在地

农讲所学员抵海丰考察半个月后回到农讲所，毛泽东亲自听取学员的汇报

开展农民运动、创办农民运动讲习所的同时，他将内容先编写成讲稿，对农讲所的学员们进行宣讲，收集和吸纳反馈意见，反复修改。这本书还得到了当时中共广东区委书记陈延年的重视，他曾手不释卷地读完全稿，并为书稿做了细致的审定和修改，在重要之处加上密圈，还特意委托另外一位同志为彭湃的书稿作校对。

这本集结着海丰农民运动的真实记述、闪耀着马克思主义与中国革命实践相结合光辉的《海丰农民运动报告》，终于在 1926

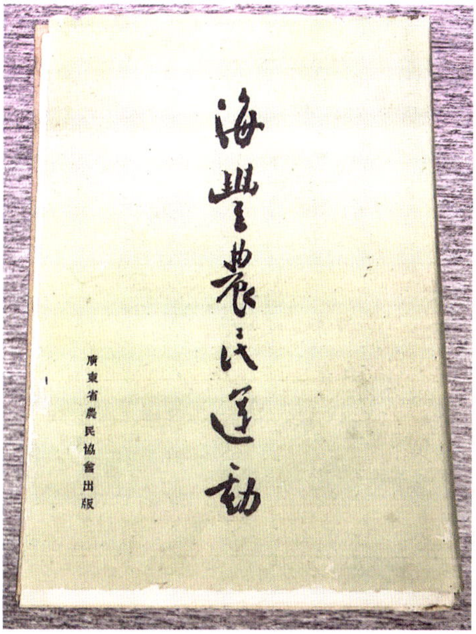

1926 年，彭湃在毛泽东主办的第六届农讲所的讲稿，由广东省农民协会出版，周恩来题写封面“海丰农民运动”

年6月完稿，并在9月被毛泽东编入《农民问题丛刊》，随后在10月改名为《海丰农民运动》并由广东省农民协会出版，而封面上赫然入目的是由周恩来亲笔题写的书名。

这本书对当时正蓬勃开展的全国农民运动有着非常重要的指导意义。正如毛泽东在《农民问题丛刊》的序言里指出的：彭湃同志这篇著作及其他关于广东农民运动的材料，“乃本书最精粹部分”，“它给了我们做农民运动的方法”，“它又使我们懂得中国农民运动的性质”。因而，它也被规定为农讲所学员的必读教材。

1926年3月至6月，毛泽东在武汉主办中央农民运动讲习所

毛泽东《农民问题丛刊》

时，彭湃仍是中央农讲所的主要成员。他提出的农民运动“十二字”，即“要吃苦，忠诚勇敢，受党的指导”，使学员们深受启发。彭湃每到一个地方，都千方百计地创造条件，在当地举办农讲所或各种工农培训班，为中国农民运动的继续壮大燎原点燃了赤心之火。

七

热血赤心　除暗夜守革命真义

PENG PAI

几年来农民运动的实践，让彭湃更加深刻地认识到摆脱贫穷、蒙昧、落后、战乱、被掠夺与被肢解的命运，亟需依靠国民革命的成功，而“唯有我们真正革命的分子站定革命的一边，去消灭一切的反革命势力。尤其是国民政府更应该把里面的贪官污吏加以肃清，而站在革命这一边。……那么国民革命的前途，才有些希望！”

建立武装　让农运不再赤手空拳

彭湃于1924年4月出任国民党中央农民部秘书和国民党广东党部农民部长之后，工作十分琐碎繁忙。他为推动全省的农

彭湃（前左二）1925年与中国国民党广东党部执行委员

民运动四处奔走，倾注心血，并把全省的农运工作推上一个新高潮。

而此时国民党农民部长也接二连三地更换，曾是陈炯明高级幕僚的黄居素在担任部长时，彭湃当面向他提出“不支持农民运动的人，就不能当农民部长”，黄居素憎恶满怀地叫嚣着要撤掉彭湃的秘书一职，但最终被撤掉的不是彭湃，而是他的职位被国民党左派领袖廖仲恺取代。彭湃对廖仲恺敬重有加，但后来廖仲恺的遇害，极大地触怒了他。随后，他毅然决然离开国民党中央农民部，回到了那个让他升腾革命理想和斗志的广阔的农村天地里。

1924 年 5 月，在广宁农民运动遭遇重重阻挠、正处低潮之时，彭湃以国民党中央农民部秘书的身份来到广宁。他深入田间地头、家家户户中同农民开会、闲谈，短短的 15 天，就把广宁农民运动协会从 3000 多户发展到 7000 多户，人数达 6 万多。随后广宁的农民运动如火如荼地发展壮大，并影响到了临近几县，引起了地主豪绅的仇视。11 月 25 日，地主武装纠集势力对农会进行疯狂袭击，广宁农军奋起反击。中共广东区委获悉后，即派彭湃以国民党中央农民部特派员的身份再次前往广宁。

经过几番交涉，彭湃仍无法让对方回到谈判桌上，他一面

彭湃在广宁时的旧居

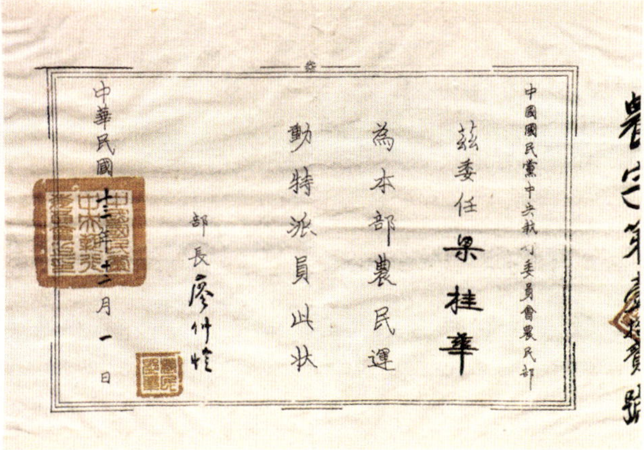
中國國民黨中央執行委員會農民部
茲委任梁桂華
為本部農民運
動特派員此狀
部長 廖仲愷
中華民國十三年十二月一日

农民运动委任状

1924 年大元帅府铁甲车队到广宁援助农民运动

组织农会农军进行积极备战，一面报告中共广东区委和国民党中央农民部，要求尽快派遣部队增援。12月11日，大元帅府铁甲车队到达广宁，第二天即投入战斗。铁甲军出击广宁支援农运，是由中共广东区委书记陈延年和区委军事部长周恩来决定的，铁甲车队实际上是中国共产党直接领导的一支革命武装。

年仅28岁的彭湃在距离地主集团总部潭布据点仅3公里的地方，指挥了著名的潭布战斗，这也是彭湃武装农民斗争思想实践的一次伟大尝试。江姓炮楼以水楼和旱楼最为坚固，旱楼高五

广宁江家炮楼的弹孔

层，易守难攻，牢不可破，曾经作为仓库的楼内储备了大量粮食和枪支弹药。刚刚组建不久，而且缺乏武器和战斗经验的农军和铁甲车队经过20多天的轮番攻击，仍收效甚微，战斗进入胶着状态。

广宁斗争，打打谈谈，跨越了1925年的春节，拖延数月而未获解决，彭湃以坚韧不拔的意志周旋于各方，往来于广州调兵遣将。直到1925年1月下旬，廖仲恺发布命令，将驻广宁所有部队的指挥权统一归口彭湃领导的广宁军事委员会管辖和调动，并于2月1日向旱楼发起总攻。彭湃决定通过挖掘地道运输炸药炸毁进入旱楼的缺口，他带领10多名战士，日夜挖掘地道。经过三天两夜的苦战，地道工事终于完成。彭湃从连日的辛劳疲惫中振奋起精神，带领战士用棺材装了炸药和枪，一举端掉了江家炮楼。

毛泽东在广州农民运动讲习所讲课时，对铁甲车队也给予了很高评价，号召学员们向英勇的铁甲车队学习。1925年11月，中共广东区委决定，以铁甲车队为基础，以黄埔军校部分学员为骨干，在广东肇庆组建了国民革命军第四军独立团，即叶挺独立团。

正当彭湃领导的广宁农民反抗地主的武装斗争节节胜利、气势如虹之时，盘踞在东江的军阀陈炯明纠集了广东各地的反动

沙木屈黄姓炮楼（1978 年摄）是潭布地主民团的重要据点。1925 年 2 月 12 日，在铁甲车队、卫士队和广宁农民的包围强攻下，举起白旗投降。此楼在 20 世纪 80 年代初被拆毁。

1924 年 9 月下旬，彭湃被选为广州地委委员，稍后又被选为中共广东区委委员，参与区农委领导工作。图为广州区委旧址二楼彭湃曾工作过的农委办公室

海丰县农民自卫军前身——“东征军先遣队”，根据广东革命政府和中共广东区委的指示，由广州的海丰籍破产农民50余人组成，为国民革命军的东征作向导

势力，叛变了革命，企图进攻广州进而推翻广东革命政府。广东革命政府决定进行东征，讨伐陈炯明。周恩来以黄埔军校政治部主任的身份，参与了东征军的领导工作。彭湃于2月19日从广宁返回广州后，就立即奔赴东征前线，与周恩来一起并肩战斗。

与周恩来商议后，彭湃组织发动广州人力车夫中的50名海丰籍农民组成自卫军，只训练了一天，便作为东征军的向导出发了。在陈炯明统治下的东江农民，得知广东革命政府举行东征的消息后，立即把过去埋藏在地下的土枪、尖串、匕首等武器挖了出来，暗中积极组成各种助力革命的侦察队、运输队、慰劳队、宣传队等，以迎接东征军的到来。

纪律严明、英勇善战的东征军以锐不可当之势，连战皆捷，进军神速，2 月 14 日即攻下惠阳淡水，2 月 20 日攻克惠阳平山。2 月 27 日，彭湃随先头部队进入海丰。一进入海丰境内，他们就受到了夹道欢迎。农民们敲锣打鼓、成群结队到城郊热烈迎接，欢呼“革命万岁”者不绝于途。不知哪个眼锐的人最先看见了彭湃，大声高喊：“湃哥回来了！湃哥回来了！”一时欢声雷动、群情振奋。彭湃回来的消息不胫而走，来访农民应接不暇，正如彭湃自己所说：“我抵海丰第二日，即二十八日，各乡农民来问我，磋商农会进行事宜，及与我欢叙别后三年来受陈逆压迫之痛苦者，约有七八千人。”周恩来、谭平山也于 28 日到达了海丰县城。

东征军势如破竹，一路挥戈至海丰。3 月 1 日，海丰各界人民代表 1000 多人，在海城林祖祠前的龙舌埔举行欢迎大会，周恩来、彭湃等热情赞颂了海陆丰人民积极支援东征的革命行为。3 月 3 日，彭湃组织 3 万多海丰农民群众参与欢迎东征军的大会。彭湃在红旗漫卷的广场上，向从四面八方赶来的农民，郑重宣告海丰农会即将恢复的消息。会场上掌声雷动，欢呼声不绝于耳。在

周恩来与彭湃在东征时期

沸腾的人群中，中共中央执行委员会委员谭平山、苏联顾问加伦将军和粤军总司令许崇智先后发表了演说，给予海丰农民运动极大肯定。这极大鼓舞了这支由追求自我解放而集结起来的农民队伍。

这次回到海丰，彭湃认为当务之急是成立海丰农民自卫军，“当此镇压反革命之时，农民非有武装不成”。这一建议得到了周恩来的首肯。3 月 16 日，海丰农会的第一支武装队伍，即海丰农民自卫军成立。这支农民武装以从广州随东征军前来的先遣部队为基础，由 200 多名有着健壮体魄、思想觉悟的青年农民组成，并由黄埔军校毕业生、共产党员李劳工作指挥。

1925 年 2 月 28 日，东征军抵达海丰时，司令部驻扎在“南湖别墅”，周恩来曾在这里住过

海丰农会的恢复和农民自卫军的建立，使广东革命政府甚为欣喜，为此，革命政府特派第三届农讲所武装考察团 10 余人于 3 月 26 日到达海丰，还带来了 40 支枪支和 3000 发子弹，使这支队伍不再赤手空拳。而第二届广州农讲所的 200 名学员，改编为广东农民自卫军，彭湃任团长，这是广东最早建立的农民自卫军。

3 月上旬，东征军占领潮州、汕头，17 日攻克五华，19 日进

1925 年 3 月 16 日，在周恩来、彭湃的指导下，海丰农民自卫军成立，图为农军总部旧址——林祖祠

海丰农民自卫军加强军事训练，随时准备战斗

占兴宁，给陈炯明的军队以沉重的打击，取得了第一次东征的重大胜利。而海丰农会自从恢复以来，短短两个月的时间就已发展了 2000 多名会员。7 月 5 日，海丰召开了第一次全县农民代表大会，出席人数达 1 万多人，周边其他县市也派代表参加，共同见证海丰历史上一次重要的农民大会，见证海丰农民运动正凝结着一股更强大的力量，强势回归。

“工农联盟” 团结起不可或缺的工人力量

伟大的革命先行者孙中山于 1925 年 3 月 12 日病逝的消息，直到当年的 4 月才传至海丰。4 月 14 日，海丰各界举行追悼大会，彭湃号召大家团结起来，农人组织农会，工人组织工会，只有同心协力向地主、资本家宣战，得到幸福的日子，才是对孙中山的最好告慰和纪念。

5 月 1 日，广东省第一次农民代表大会在广州召开，这是我国最早召开的省级农民代表大会。海丰也在彭湃回归后出现了新气象。在有来自工人、农民、学生、妇女等 2 万多人参加的五一劳动节庆祝大会上，彭湃发表了振奋激昂的演说：“5 月 1 日这一天，就是我们工人和农民开始解放的日子，为争取我们固有的权利——自由和幸福，世界的无产阶级呀！团结起来！”他振臂号召海丰工人、农民及一切劳动人民团结起来，争取更大胜利。他

广东省农民协会旧址，第一次国内革命战争时期广东农民运动领导机关所在地。1925 年 5 月 1 日，广东省第一次农民代表大会在广州举行，成立了农民协会，阮啸仙、彭湃、罗绮园等任常务委员

全国第二次劳动大会和广东省第一次农民代表大会

提出的“工农联盟”把工人运动同农民运动摆到了同等重要的位置。

正当东征军准备全歼陈炯明主力的时候，驻广州的桂系军阀刘震寰和滇系军阀杨希闵，在英帝国主义和北洋军阀段祺瑞的支持下，乘革命军东征之机，发动武装叛乱，妄图颠覆广东革命政权。为此，广东革命政府决定调东征军回师广州。6 月上旬，彭湃组织农民自卫军共 300 余人，随东征军返回广州。

东征军回师广州后，陈炯明趁机卷土重来，地主豪绅也加紧反攻倒算。他们放火烧了彭湃的故居，到处抓捕彭湃的亲属。当时在海陆丰坚持斗争的农民自卫军大队长、彭湃亲密的战友、共产党员李劳工，就是在与陈炯明部作战时英勇牺牲的。海陆丰人民又一次陷入苦难之中。

彭湃没有被失去亲人和战友的悲痛所击垮，他抖擞精神，投入到支援省港工人大罢工的斗争中。他积极发动和组织全省农民支援罢工工人，组织农民自卫军与工人纠察队并肩战斗，检查“仇货”、封锁港口，断绝对香港的大米、蔬菜供应，拒绝与英商贸易，等等。

1925 年 8 月 4 日，彭湃出席省港罢工工人代表第八次大会。他在报告中说：“工人与农民就是被压迫的人，两种人的地位，是一样的……但是工人农民要求解放，除了革命一条路，再没有

省港大罢工运输队

海丰农民自卫军武装封锁了境内的汕尾、马宫等9个港口，有力地配合了广东革命政府把英占香港变成“死港的正义斗争”

第二条路可跑，所以我们应该一致联合起来革命——打倒一切压迫阶级。”罢工工人感到有了千千万万农民的支持，就有了无穷无尽的力量之源。10 月 18 日，彭湃又再一次强调工农联盟的作用和意义，指出：“现在社会中有两种人主张革命最彻底的，这两种人应该互相联合，互相团结，然后彻底革命才能成功，这两种人第一是工人，第二是农民。”

“中国实行国民革命，工人想革命成功，不能忽视农民，农民想革命成功，不能忽视工人，这已成为铁律。”彭湃领导的农

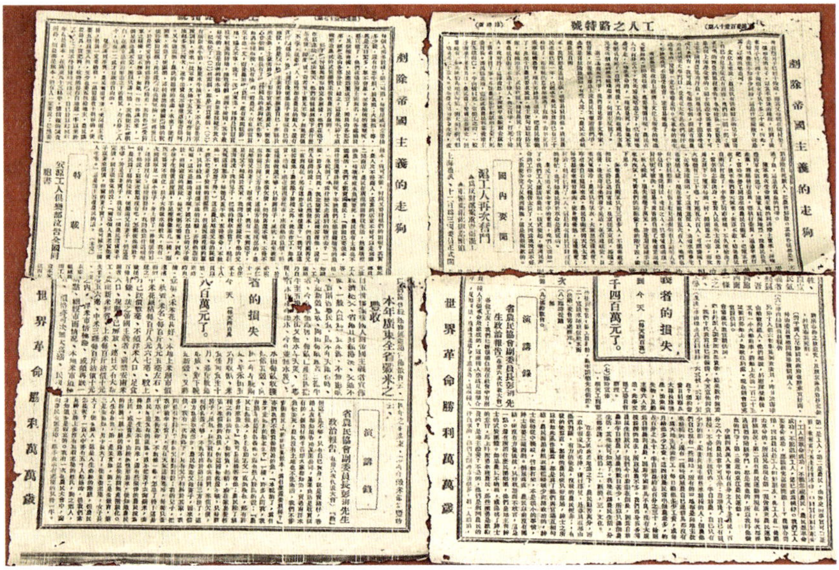
工人之路特號

剷除帝國主義的走狗

世界革命勝利萬萬歲

彭湃在省港大罢工代表大会上的讲话稿

民运动大大促进了工农联盟。20 万农民又进行了一次大示威运动，并帮助封锁香港、截留粮食，以精神的、物质的双重力量来援助工人。由此可见，农民确是可以依靠的力量。

“已惊起全国农民运动”

1925 年 10 月 5 日，国民革命军举行第二次东征。周恩来担任东征军总政治部主任兼任第一军党代表，彭湃协助周恩来做政治宣传工作。在东征途中，彭湃每到一地都宣传发动群众，起来支援国民革命军的正义战争。10 月 12 日，东征军攻打惠州城。

惠州城被革命军攻克的场景

由于惠州地势险要，加上守敌是陈炯明的主力部队，防守极为严密。彭湃伴随周恩来亲自到前沿阵地视察地形，商讨攻城办法。彭湃提出以共产党员、共青团员带头组成敢死队，用云梯越城的建议得到了周恩来的赞成。14 日下午，周恩来和彭湃亲临城下指挥飞鹅岭战斗，经过了 30 个小时的激战，终于攻克了号称中国南部天险的惠州城。

陈炯明最精锐的部队被东征军全歼，残部望风而逃。10 月 22 日，海丰农民自卫军配合东征军的行动，占领了海丰县城，这一天周恩来和彭湃再次率领东征军到达海丰。3 天后，彭湃在海城林祖祠召开了农民代表大会，号召大家踏着烈士的鲜血继续前行，用英勇反抗告慰牺牲的志士。

第二次东征胜利后，革命形势的飞速发展促成了中共海陆丰地方委员会的成立，彭湃任地委书记。与此同时，二次东征的胜利也极大地催发了海丰人民的革命热情，要求入农会者日以千计。到 1925 年底，全县农会会员达 25 万之众，占全县总人口的 65%。这时的海丰再也不是旧模样，而是呈现了政治清明，物价低廉，路不拾遗，夜不闭户，地主不敢收租，农民收获归自己的新气象。

新海丰以其焕然一新的面貌引来竞相探访。曾在十月革命后到访过莫斯科的《少年先锋》记者杨白，慕名来到海丰。他

1925 年 10 月，中共海陆丰地委成立，彭湃任第一任地委书记，图为中共海陆丰地委旧址——鉴湖

在这里看到了当时中国任何一个农村城镇都没有的景象，看到了没有资本家的工厂、工农不用交药费的医院，看到了农民安居乐业、精神振奋的新面貌。他激动地把海丰称为“工农的乐园”，把海丰农民自卫军称为“东方的红军”，并赋予海丰“东方小莫斯科”的美名。在题为《“小莫斯科”纪游》的通讯中，杨白这样描述道：“我们可以看出海丰的民众，通通是革命化了。他们已经能

1925 年，海丰农民协会会旗

够联合起来了，他们的民众，通通已经能够跟着农民运动来干革命了。”

因着新海丰的新气象，学习者纷至沓来。毛泽东在广州主办的第六届农讲所的 300 名学员，于 1926 年 8 月在陆沉和赵自选的带领下来到生机勃勃的海丰，深入田间地头、农会组织里学习、考察。他们聆听了彭湃在“七五农潮”三周年纪念大会上的演说，被海丰农运充斥着的激情与斗志所感染，更被其中那些无畏的牺牲和坚定的前行所震撼。回到广州后不久，学员们满怀着改造社会的豪情壮志，奔赴全国十几个省，用新海丰的模式去拓垦更多未启蒙的中国的广大农村。

毛泽东对农讲所学员此行的收获深感欣慰，他在1926年9月1日发表的《国民革命与农民运动》一文对海丰农运极为推崇："中国的革命，只有这一种形式，没有第二种形式。全中国各地都必须办到海丰这个样子，才可以算得革命的胜利，不然任便怎么样都算不得。"彭湃用理想和信念浇灌出的海丰革命火种，是照亮中国革命前程的光亮。

1925年11月，因革命工作的需要，彭湃从海丰回到广州，继续担任国民党中央农民部的秘书，同时兼任了国民党广东省党部农民部长和省农民协会的领导工作。彭湃始终不遗余力地推动农民运动与工人运动的结合。他认为一切革命者都应该"研究这个问题——工农联合问题"，还利用一切可以利用的机会宣传工农联合的巨大意义："现在国际资本帝国主义最害怕的是什么呢？就是怕我们工农联合向他进攻，倘我们工农联合起来，帝国主义总没有法子不死在我们的手里。这就是帝国主义的致命伤。"

1926年3月中旬，彭湃离开广州返回汕头，继续主持潮梅海陆丰办事处的工作，不仅延续了海陆丰宣传发动农民的工作，还因势利导地承担了领导农民开展减租和废除苛捐杂税的斗争。在汕头的农村，广大农民很快集结起来，掀起了一场减租运动。这场减租运动以汕头市政府当局被迫取消要增收的杂税而告胜利，农民们又一次依靠自己的力量据理力争，赢得了胜利和尊重，他们更加清醒地意识到握紧的拳头是有力的，是可以改天换地的。

3 月 20 日，蒋介石悍然制造了中山舰事件，这是国民党右派向革命进攻的一次试探。4 月，彭湃从汕头回到广州，明确主张要抛开国民党的旗帜，由中国共产党领导工农群众自觉作斗争。“农民是要求自己的政权的”，所以彭湃下决心要把省农协会的工作做得更加深入人心、更加扎实广泛。

5 月 1 日，广东省第二届农民代表大会隆重开幕，到会正式代表 214 人，列席代表 100 多人。这次大会可谓一场前所未有的

广东全省农民协会会员证

盛会，几无虚席，除了本省的代表外，广西、福建、湖南、湖北、浙江、江苏、河南、山东、山西、江西等 11 省均有代表参加，国民党和共产党的领导人也都出席了大会。还有一批特殊的参会者，就是毛泽东及其率领的第六届农讲所的全体学员。大会历时 15 天。广东省委农委书记阮啸仙在报告中指出，“广东省农民协会自去年成立后，已由 21 个县发展至 61 县，会员人数由 20 万增加到 62 万”，“在援助五卅惨案大示威、援助省港大罢工、镇压反革命派中，在两次东征战争、南路战争、巩固广东等革命

1926 年 5 月 1 日，广东省第二次农民代表大会在广州召开，大会通过了农会章程等 30 个决议案，选举彭湃、阮啸仙、罗绮园、周其鉴、蔡如平为省农协常委，图为代表合影

斗争中，充分显示了农民兄弟的伟大作用，愈加证明中国国民革命之完成非农民起来参与不可”。

在大会结束后不到3个月的时间里，农民协会就增加了537个，加入农民协会的农民增加了3.7万人，总计70万人，约占全国农会会员的三分之二。彭湃与阮啸仙等领导的广东农民运动，不仅成为广东革命政府以及北伐的重要支柱与支持者，它“奋斗的影响，已惊起全国农民运动”，成为全国农民运动的暴风眼。而广东农民运动的杰出领袖彭湃，也当之无愧地成为“中国农民运动的领袖”。

花县逆流中的血火奔突

在革命斗争风起云涌、工农运动蓬勃而兴之际，国民党右派的反扑却愈加狂妄，帝国主义勾结反动势力暴力倾轧工农运动，广东农村中的流血惨事，几乎没有一处不在上演。在这场力量悬殊的对抗中，工农运动大有功亏一篑的危险。1926年6月5日，彭湃毅然辞去了国民党广东省党部农民部长的职务，开始投身反对国民党右派的斗争。

这年8月间，国共两党的诸多领导人，如中共领导人瞿秋白、毛泽东、张国焘，国民党中央农民部长甘乃光、工人部长陈树人、妇女部长何香凝，出席了广东省农协会的扩大会议。中共

1926年9月，彭湃（右二）和广东省农民协会常委研究广东农民运动问题

彭湃夫妇与阮啸仙夫妇

广东区委再次明确表示，“本党在广东曾经并且永远帮助广东的农民”。大会闭幕的翌日，参加会议的全体代表和广州近郊的农民1000多人，组成请愿示威大队，要求惩办摧残农民运动的国民党右派和地主豪绅。队伍浩浩荡荡前往国民党中央党部、国民政府、广东省政府请愿，由彭湃担任总领队。所到之处受到了沿途群众的支持，所赴请愿机关的领导无不表示对农民运动的口头支持，农民运动的士气随之大涨。

8月，广东花县发生了地主民团勾结土匪焚劫农村、奸淫妇女、惨杀农民的惨案。花县农民纷纷向中国国民党中央党部、国民革命政府等请愿，要求派兵保护农民。中央农民部发起组织了调查委员会，随革命军前往花县，共同负责调查处理花县惨案。

彭湃对地主民团的罪行作了深入的调查研究，他摆出一件件、一桩桩证据确凿的事实，使原来不明花县事件真相的调查团成员，看清了地主民团的真实面目。他们说：“我们从广州来的时候，还不知道哪边是匪，今天和圩的事实已经证明了。他们不但惨杀革命的农友，还来抢劫商民，更开枪以抗革命军，并呼‘打衰革命军！’此等反革命罪大恶极的民团土匪，非乘其未散时痛为剿灭不可！”

彭湃在调查处理花县事件的过程中，还十分注意团结教育调查团中的其他成员，哪怕是对立面的人。当时，国民革命军中有一位雷营长，是个富有正义感和革命热情的青年，彭湃就抓紧一切机会与他接近，启发他的觉悟，使他认识到地主民团是地主豪绅阶级压迫农民的工具，而农民协会却是国民革命主力军之一的农民的革命群众组织，让他逐步认识到做一个革命者就必须“站革命的观点去做事”。彭湃还使雷营长进一步接受了孙中山、廖仲恺先生等革命先辈“一生的经验，就是能够用革命的眼光观察和评判一种事实”，“把革命派团结在自己一边去反对反革命派”。

在彭湃的启发、帮助下，雷营长毅然坚定地站到了被压迫的农民的一边，并成为与国民党右派、地主豪绅、反动民团斗争的骨干力量。在调查团的工作人员中，有个叫魏尧励的，原来是被安插在调查团中监视革命派行动的坐探。可是，他在彭湃的教育和影响下，思想也发生了变化。当他被民团误打致伤、生命垂危的时刻，无限感慨地拉着彭湃的手说：“彭先生，我们以前虽不相识，但你为社会努力，久为我所钦仰，你所讲的话很对的，到了今日我更相信。”最终花县地主民团被迫交出肇事凶手，抚恤死难农民和赔偿损失，并交出民团武装的枪支弹药，调查委员会处理花县惨案的工作取得了胜利。9 月 14 日，广州各界团体，在国民党中央党部礼堂举行了欢迎花县惨案调查团和革命军胜利归来的欢迎大会。

彭湃在会上作了《花县团匪惨杀农民的经过》的报告，并刊

国民党中央党部大礼堂

登在《犁头周报》专刊上。除了揭露真相，鞭挞罪行之外，他深刻地向人们指出："国民革命已发展到一个紧要的关头，革命阵线已经发生了新的分化，即农村的大多数农民，工人，小商人，觉悟的学生，国民党左派的分子及军人，团结在革命的一边。劣绅，土豪，恶地主，国民党右派，及贪官污吏，逆党匪棍，民团站在反革命的一边。前者是大多数人，是被压迫者，后者是少数人，是压迫者。"他还告诉人们，这种"革命势力与反革命势力的斗争，非等反革命势力完全肃清以前，这种斗争或明或暗，是不会停止的”，“唯有我们真正革命的分子站定革命的一边，去消灭一切的反革命势力。尤其是国民政府更应该把里面的贪官污吏加以肃清，而站在革命这一边。……那么国民革命的前途，才有些希望！”

7月间，五华县先是数十日未下雨，农作物均被晒枯，继而又连日倾盆大雨，未收获的庄稼被洪水淹没，叫苦连天的农民与急待收租的地主之间发生巨大的冲突。彭湃一方面派人急驰五华支援农民，另一方面他直面惨淡地提出，国民革命已经到了一个

1924年10月19日，花县农民自卫军成立

难关，潜伏着危机，我们革命党人“无论何时，应站在大多数人的利益而奋斗”，“这就是打破这个难关最有力量的口号”和“革命的方针”。

1926 年 10 月，彭湃回到汕头继续主持潮梅海陆丰办事处的工作，并兼任中共汕头地委常委，领导与发展潮汕地区的工农运动，与国民党右派势力作坚决的斗争。

八

声震华夏　兴东方红城海陆丰

PENG PAI

海陆丰农民运动诞生了七个“第一”：第一个农会、第一个苏维埃政权、第一个妇女解放协会、第一个农民自卫军、第一个实行兵役法、第一个进行土地改革和第一个童子军。海陆丰农民运动的经验向全国各地推广，对井冈山建立革命根据地和“农村包围城市、武装夺取政权”战略起到了启发和借鉴作用。

除暗夜守革命真义

1926年底至1927年初，北伐战争迅速向长江流域推进，全国革命的重心逐步由广州移至武汉。1926年12月，国民政府由广东革命根据地迁至武汉，全国农民运动也在北伐军的胜利凯歌

1926年7月，彭湃在欢迎国民革命军出师北伐群众大会上发表演说

中大举推进。

至1927年3月，全国除粤、湘、鄂、赣4省正式成立了省农会外，有13个省成立了省农协筹备处。不久，蒋介石在上海悍然发动了“四一二”反革命政变，隐藏在武汉政府内部的反动分子也加紧策划叛变革命。在此当要关头，中国共产党决定于1927年4月27日至5月10日在武昌召开中国共产党第五次全国代表大会。

国民革命军北伐进展顺利，革命势力迅速由广东扩展到长江流域。1926年12月5日，国民党中央部和广州国民政府开始分批迁往武汉。图为广州国民政府旧址。（今越华路118号）

彭湃被选为中共五大代表，于1927年3月下旬，与中共广东区委主要负责人、中共五大广东代表团团长陈延年，代表苏兆征、黄平、张云逸等一同从广州出发，历时半个月，于3月30日抵达武汉。彭湃到达后，受到了广大工农群众的热烈欢迎。中华全国总工会代表李立三在欢迎词中特地谈到了彭湃此次北来的意义："彭湃同志领导广东八十万有组织的农民，作了好几年的斗争，获得不少成绩；此次北来，对湖北的农民运动定有很好的指导，对全国的农民运动必有更好的贡献，对于农工联合必有更好的团结。"

此时，全国农民运动跟随北伐军胜利进军的步伐，以一日千

1927年的武汉

1927 年 3 月，彭湃在武昌出席河南省农民自卫军成立大会，并发表演说

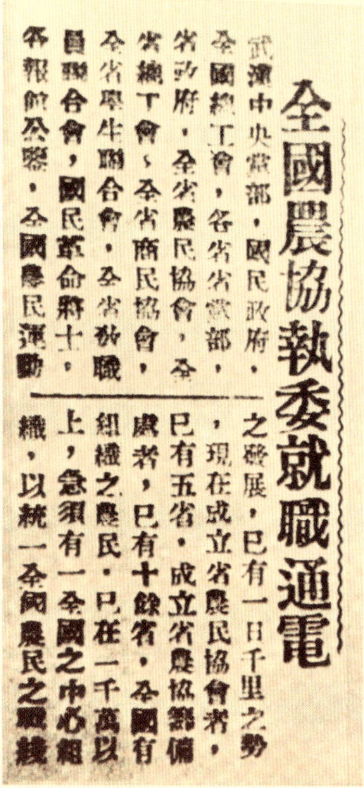

全國農協執委就職通電

武漢中央黨部，國民政府，全國總工會，各省省黨部，各省政府，全省農民協會，全省總工會、全省商民協會，全省學生聯合會，全省教職員聯合會，國民革命將士，各報館公鑒，全國農民運動之發展，已有一日千里之勢，現在成立省農民協會者，已有五省，成立省農協籌備處者，已有十餘省，全國有組織之農民，已在一千萬以上，急須有一全國之中心組織，以統一全國農民之戰綫

全国农民协会执委就职通电

里的态势迅速发展，全国农会会员已达1000多万人，急需建立全国性的农民组织，加强对全国农民运动的统一领导。为此，3月30日国共两党协商后，成立中华全国农民协会临时执行委员会，邓演达任宣传部长、毛泽东任组织部长、彭湃为秘书长。

中共五大后，陈独秀等继续推行妥协退让政策，国民党反动派更加狂妄地镇压革命。在生死搏斗中，彭湃以大无畏的精神，始终坚持革命斗争。他曾到南昌公开发表演说，号召群众起义，打倒蒋介石，打倒南京政府。他在南昌参加方志敏与缪敏的婚礼时，即席题词："拥护中央政策，方缪双方奋斗到底；努力加紧下层工作，准备流血牺牲。"他提出了在白色恐怖下，党的斗争必须从公开转入秘密的正确主张，以此勉励战友，也表达了随时准备为革命牺牲的决心。

1927年7月15日，武汉国民党中央决定"分共"，轰轰烈烈的大革命失败了。此刻，中国革命必须作出历史性的抉择。8月1日，南昌起义的枪声，打破了暗夜中国的阴霾，中国革命翻开了新的一页。彭湃作为南昌起义前敌委员会委员，与周恩来、恽代英、李立三等，带领工农群众开始了中国共产党领导武装斗争的新阶段。起义胜利后，产生了以中国共产党为领导核心、国民党左派人士参加的中国国民党革命委员会，由周恩来、宋庆龄、贺龙、叶挺、恽代英、彭湃、吴玉章、林伯渠等25人组成，彭

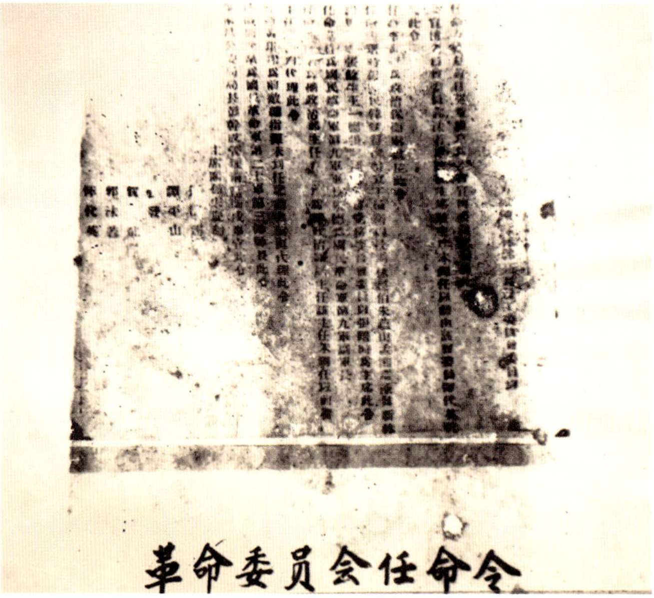
革命委员会任命令

1927年9月，彭湃由武汉奔赴南昌，任中央前敌委员会委员，8月1日南昌起义胜利后，当日被推举为革命委员会委员，兼农工委员会委员

湃被任命为农工委员会委员。

在第二天的就职典礼上，彭湃和其他委员一起宣誓，决心“为全国大多数民众利益奋斗到底，决不妥协，以完成国民革命工作”。当天下午，在庆祝南昌起义胜利的群众大会上，5万多人汇聚成了汪洋大海，欢庆的浪潮声震寰宇。在旌旗蔽日的广场上，贺龙发表的胜利演说一次次被雷鸣般的掌声打断。

南昌起义极大鼓舞了全国的工农群众。但面对国民党重兵围攻，为保留革命的火种，前敌委员会决定起义部队南下广东，先取东江，等待国际援助，然后班师重回广州再建广东革命根据地，出师北伐。当起义军挥戈南下时，八七会议召开。8月11日，中央临时政治局决定成立中央南方局，彭湃为南方局委员之一。

起义部队分批撤出南昌时，彭湃和农工委员会委员一起随军南下。在南下征途中，彭湃总是亲临前线，直接指挥和参加战斗，跟前线战士患难与共，不分彼此。同时彭湃还是一位感染力极强、深受爱戴的宣传员，他常穿梭在行军的队伍中高唱《国际歌》，讲革命故事鼓舞士气，还见缝插针，抓住一切机会号召当地群众团结起来进行斗争。当时正值酷暑难耐的时节，部队不仅要终日在烈日的炙烤下行军三四十公里，还要随时应对敌人的围追堵截。有人身受重伤不能随军远行，有人经不起考验离开了队伍，部队出现了严重的减员，每个战士都面临着身体和思想的双重考验。而彭湃却像是疾风中的劲草，始终保持着旺盛的革命斗志。“大家要是跟他在一起，总能听到他的笑声和歌声”，所以他还有“快乐之神”的雅号，永远不知疲倦。

行军途中，彭湃派遣原在海丰自卫军中任中队长的刘立道先回广东东江，组织工农武装，准备接应南昌起义部队。会昌战斗后，彭湃率领的参加南昌起义的广东农民自卫军，改编为广东工农革命军，彭湃任总指挥。

9月初，起义部队到达瑞金，随后大举南下，18日占领了广东大埔。一入粤境，彭湃带领的广东工农革命军获得了来自老百姓的大力支援，起义部队如鱼得水，安营扎寨、囤积军粮，并把革命军回师广州的坚定信心传递了出去。在大埔之后，起义军势如破竹，23日在潮州成立了工农革命政府，26日在汕头建立了人民的政权——革命政府。数万工农群众集会庆祝汕头人民政权的诞生，周恩来、彭湃站在大会主席台上慷慨陈词，台下一片沸腾。

正当起义军继续西进，由潮州进军揭阳，准备夺取惠州时，被潮汕建立革命政权的消息震惊的帝国主义列强和国民党反动派旋即勾结起来，伺机剿灭新生力量。美、英、日等国悍然把军舰驶入汕头海面强行登陆。30日，潮州、汕头相继失守。另一部分主力部队到达揭阳后，彭湃领导东江工农革命军总指挥部发动了上千工农运粮食、送弹药，奔赴战场协助。

潮汕失守前，中央政治局委员、广东省委书记张太雷从上海经香港秘密到达汕头，带来了改变起义军走向的消息，他向起义军领导人周恩来等传达了八七会议的精神：潮汕若守不住，起义领导人则要秘密从海上分批撤走回上海党中央工作；部队转移到海陆丰地区，建立苏维埃政权；布置地方党组织坚持隐蔽。

10月3日，周恩来在广东省普宁市流沙镇主持召开指挥部

1927年10月3日，周恩来在普宁流沙镇召开南昌起义军领导干部会议，这次会议决定了起义军的走向

军事紧急决策会议，即流沙会议。张太雷、恽代英、贺龙、叶挺、刘伯承、彭湃等参加了会议。这是起义军的最后一次会议。发着高烧的周恩来被担架抬到会场，他艰难地作出了武装部队撤退到海陆丰坚持斗争的决定，并周密安排起义军内200多名党政领导人分散撤退。当贺龙一句“我心不甘，我要干到底。就算让我回到湘西，我要卷土重来”的表态还没有讲完时，钟潭村外的

莲花山头上就发现了敌人尖兵。会议就此匆匆结束，起义军四散突围。

分头撤退途中，队伍被敌人冲散，连给周恩来抬担架的队员也在混乱中溜走，周恩来身边只剩下叶挺和聂荣臻。三人中仅叶挺有一支小手枪，连自卫的能力都几乎没有。生死未卜之时，他们设法找到了年仅25岁的中共汕头市委书记杨石魂。聂荣臻对他说：“你对本地情况熟，我们几个连本地话都听不懂，你得想办法把我们护送到香港。”杨石魂一口答应。在艰难到达陆丰南塘后，周恩来一行在南塘赤卫队队长郑尧等人的护卫下，从到湖东村转移到兰湖村。

从离开普宁至此，几个赤卫队队员一路都抬着躺在担架上的周恩来，此时地下交通员还不断接到敌军紧追不舍的消息。他们急中生智，找来一顶轿子，周恩来装扮成一名商人，叶挺、聂荣臻也都换上便装，连夜转移到兰湖村。杨石魂了解到区委书记黄秀文的老家黄厝寮面临大海，是一个隐蔽出海的好地方，于是，将周恩来、叶挺、聂荣臻转移到黄秀文家。黄秀文将家中唯一的床让给了病中的周恩来，而在村民悉心照顾下渐渐康复的周恩来，每天都会到离黄秀文家不远的大榕树下，给村民们讲革命故事和革命道理。

风浪平歇的一天终于来了，在1927年10月28日的夜色中，

周恩来在湖东居住的老乡家

杨石魂乔装成下海捕鱼的渔民，用渔网做伪装，掩护周恩来、叶挺、聂荣臻乘木船前往香港。聂荣臻回忆这段经历时说：

> 那条船，实在太小，真是一叶扁舟。我们四个人——恩来、叶挺、我和杨石魂，再加上船工，把小船挤得满满的。我们把恩来安排在舱里躺下，舱里再也挤不下第二个人。我们二人和那位船工只好挤在舱面上。船太小，舱面没多少地

周恩来渡海处

方，风浪又大，小船摇晃得厉害，站不稳，甚至也坐不稳。我就用绳子把身体拴到桅杆上，以免被晃到海里去。这段行程相当艰难，在茫茫大海中颠簸搏斗了两天一夜，好不容易才到了香港。

另一路遭受敌人围追堵截的起义军，于 10 月 4 日撤出流沙时，在普宁的莲花山遭遇了敌人疯狂的堵截。贺龙、刘伯承、林伯渠、彭湃夫妇等带着两三百名战士冲出重围，由普宁党组织负责人作向导，撤退到湖东港附近的一个村落。

此时的湖东港，革命气氛很浓，彭湃曾多次到湖东指导过农

陈宗尧家

民运动。湖东党组织负责人陈宗尧是当地一位富绅，在彭湃的影响下，毅然参加革命，并发动一大批农民、渔民、盐民等参加革命队伍。

陈宗尧等地下党员把起义军迎到海边的一个居住点。就餐时，彭湃郑重地交代陈宗尧："形势很紧张，我们不能在这里久留，请准备一艘船，叫上几个可靠的船工，将我们送到香港。还有一些领导人会到湖东港来，要认真做好掩护工作，将他们安全

湖东港出海处

送出。”于是，陈宗尧派人准备好一艘往返香港的货运大帆船，并派出赤卫队四周巡逻警戒。

货运船载着贺龙、林伯渠、刘伯承、彭湃等人在海上走了三四天才到达香港。进港前，他们把枪沉到海底，然后分成四路，换乘小船，分头进港上岸。贺龙、刘伯承和一个警卫员一路；廖乾五化装成从南洋回国的商人，徐以新扮成他的儿子，警卫员扮成佣人；林伯渠和文曼魂一路；彭湃夫妇与一个警卫员一

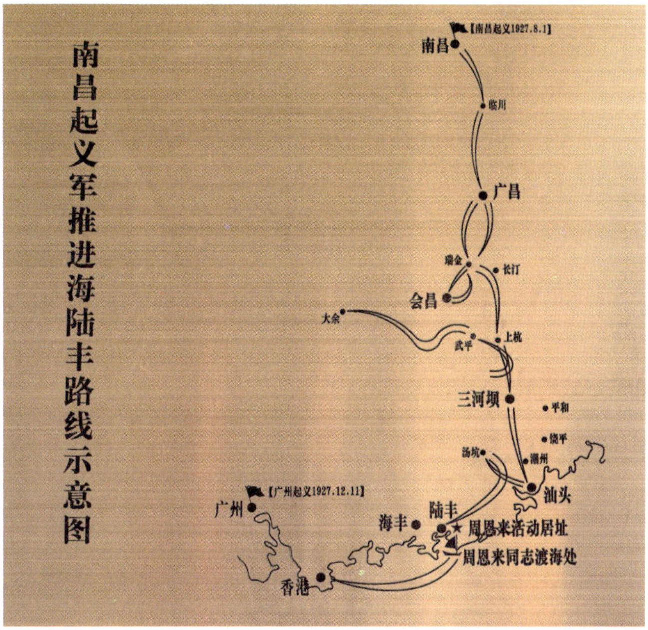

南昌起义军推进海陆丰路线图

路。不久，恽代英也辗转到达湖东港，湖东党组织也将他安全送出港。在岌岌可危之时，南粤大地上的革命者，慷慨相助，为中国革命保存了接续的火种。

到达香港后，彭湃与中共南方局和中共广东省委取得了联系，讨论了关系工农革命前景的重大问题。他依然为革命工作积极奔走，一时的失败与低迷丝毫不能动摇他坚如磐石的革命信念，很快，他又忘我地投入到新的战斗中去了。

旌旗蔽日映红宫

此时的海陆丰已经形成了“一切权利归农会”的浩荡气势。在国民革命军两次东征、省港大罢工和北伐战争中，海陆丰的农民们在中共东江特委的领导下凝心聚力，绝地奋起，于 1927 年 10 月 30 日发起了第三次武装起义，海陆丰再获新生，这在革命低潮时期给全国工农群众重获力量、反抗暴行以极大振奋。就在同一天，彭湃在中共广东省委机关刊物《红旗》周刊上发表了《土地革命》一文，与海陆丰人民的胜利遥相呼应。这篇开头就盛赞海陆丰人民英勇无畏、为海陆丰人民的胜利鼓与呼的文章指出“解除全中国大多数人的痛苦，只有实行土地革命”，而且“应唤醒全国的兵士，应为自己的穷人的利益而战”，并旗帜鲜明地重申了“一切土地归农民，一切武装归工农，一切政权归工农代表会”的思想。

就在海陆丰人民一路高歌猛进时，彭湃受组织派遣，怀着践行工农政权思想的壮志，怀着对故土人民的深情，以及与这片多灾多难土地上的人民并肩作战的热忱，再一次回到了他深耕厚培而起的海陆丰根据地，任中共东江特委书记，担负起建立海丰红色工农苏维埃政权的重任。很快，11 月 6 日，海陆丰两县分别成立了临时革命政府。

红宫大门

1927 年 11 月 18 日，秋高气爽的海丰，空气中都弥漫着洋洋喜气。海城处处张灯结彩，火树银花，家家户户都洗刷了门楣，大街小巷随处可见红旗飞扬，街道的墙壁也都被粉刷成了红色。海城内一所明代孔庙被粉刷成通体的红色，再用红布盖壁裹柱，柱廊间到处张贴着革命标语。就是在这里，海丰全县工农兵代表大会召开了。这是革命的象征，从此这个地方定名为“红宫”。

站在主席台上的彭湃，激动不已地朝人群挥手，这是工农运

红宫会场

动从理想变为现实的一天，而他更是喊出了那个时代的强音，振聋发聩：“我们要到工农中去，为全广东全中国全世界的革命成功而奋斗！”从四面八方赶来的听者，无不为之感奋不已、意气激昂。

21日，海丰工农代表大会上庄严宣告：“海丰县苏维埃政府今天成立了！”这是中国第一个红色苏维埃政权。千百年来受压迫奴役的工农第一次成了主人，自己起来组织政府。大会还向第

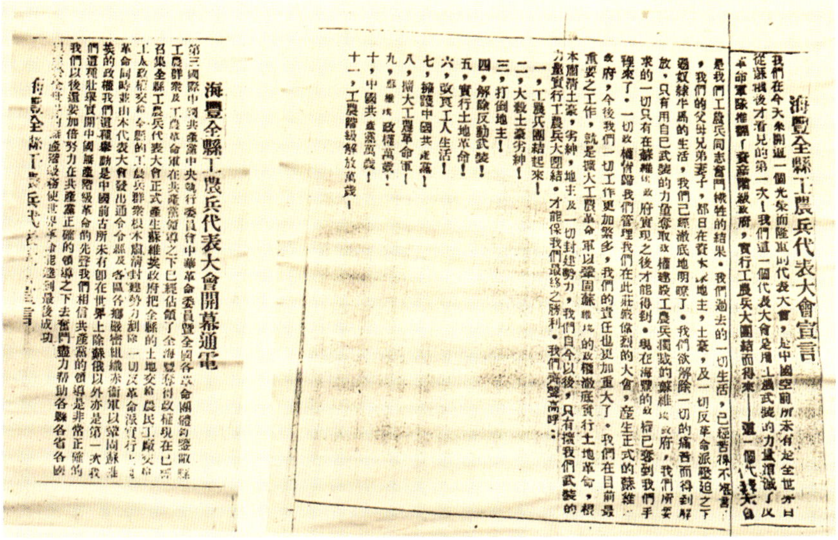

海豐全縣工農兵代表大會宣言

我們在今天米開這一個光榮而隆重的代表大會，是中國空前所未有，是全世界自從蘇俄後才看見的第一次！我們這一個代表大會是用工農武裝的力量消滅了以革命軍隊推翻了資產階級政府，實行工農兵大團結而得來——這一個代表大會是我們工農兵同志奮鬥犧牲的結果。我們過去的一切生活，已經苦得不堪言，我們的父母兄弟妻子，都日在資本家地主，土豪，及一切反革命派壓迫之下過奴隸牛馬的生活，我們已經澈底地明瞭了。我們欲解除一切的痛苦而得到解放，只有用自已武裝的力量奪取政權建設工農兵獨裁的蘇維埃政府，我們所要求的一切只有在蘇維埃政府實現之後才能得到。現在海豐的政權已奪到我們手裡來了。一切政權皆歸我們管理我們在此莊嚴偉烈的大會，產生正式的蘇維埃政府，今後我們一切工作更加繁多，我們的責任也更加重大了。我們在目前最重要之工作，就是擴大工農革命軍以鞏固蘇維埃的政權澈底實行土地革命，根本肅清土豪，劣紳，地主及一切封建勢力，我們自今以後，只有擴我們武裝的力量實行工農兵大團結。才能保我們最終之勝利。我們齊聲高呼：

一，工農兵團結起來！

二，大殺土豪劣紳！

三，打倒地主！

四，解除反動武裝！

五，實行土地革命！

六，改良工人生活！

七，擁護中國共產黨！

八，擴大工農革命軍！

九，蘇維埃政權萬歲！

十，中國共產黨萬歲！

十一，工農階級解放萬歲！

海豐全縣工農兵代表大會開幕通電

第三國際中國共產黨中央執行委員會中華革命委員暨全國各革命團體均鑒海豐縣工農群衆及工農革命軍在共產黨領導之下已經佔領了全海豐奪得政權現在已經召集全縣工農兵代表大會正式產生蘇維埃政府把全縣的土地交給農民工廠交給工人政權交給全縣的工農兵群衆根本肅清封建勢力剷除一切反革命派實行土[illegible]革命同時並由本代表大會發出通令令縣及各區各鄉儘量組織赤衛軍以鞏固蘇維埃的政權我們這種舉動是中國前古所未有即在世界上除蘇俄以外亦是第一次我們這種壯舉實開中國無產階級革命的先聲我們相信共產黨的領導是非常正確的我們以後還要加倍努力在共產黨正確的領導之下去奮鬥盡力幫助各縣各省各國[illegible]無產階級奮[illegible]使世界革命能達到最後成功

海豐全縣工農兵代表大會[illegible]

1927 年 11 月 18 日，海丰全县工农兵代表大会宣言及通电

三国际、中共中央、中华革命委员会及全国各革命团体发出通电：“我们这种举动，是中国前古所未有，即在世界上，除苏俄之外，亦是第一次。我们这种壮举，实开中国无产阶级革命的先声！”中国革命在先进发达的上海启航，红色政权却率先在贫困落后的山区扎下根来。

越过欢呼声鼎沸的红宫，旁侧是一片杂草丛生、断瓦残垣之地，临时革命政府作出了在此兴建“红场”的决定。数以千计的海丰工农群众，用十多天夜以继日的劳作，将这荒芜多年、崎岖

海丰苏维埃政府成立大会时的盛况

不平的废弃地平整成了一个规整的广场。彭湃亲自为红场设计了神圣庄严的“红场门”。

几天后，12 月 1 日，就在海丰民众用双手建起的红场上，庆祝海丰苏维埃政府成立大会隆重举行。从全县各地赶来的与会群众达 5 万多人。整个红场像翻腾的海洋，红旗飞舞，鼓乐喧天，欢呼声和鞭炮声久久地回荡在南粤大地。不久，毗邻的陆丰也建立了苏维埃政府，人民中蕴藏着的无穷的伟力就要从海陆丰这块土地上喷薄而出。

海丰苏维埃政府成立后的第一件事就是扫除残敌。很快红军

红场

位于红场中央的红台

和县工农革命军为苏维埃政府献上了首礼。在胜利扫除残敌后的第二天，彭湃率1万多工农群众步行到海城外十里的谢道山渡口，以极高的礼遇迎接凯旋的将士。当东江军事委员会主席黄雍带领大捷的队伍与彭湃率领的欢迎队伍会师时，黄雍紧紧地握着彭湃的手说："何必走这么远来欢迎？"彭湃激动不已地说："第

海丰县苏维埃政府旧址

一个苏维埃政府走十里算什么！将来南京、北平解放了，开大会的时候，几百里、几千里都还要欢迎！”

苏维埃政府开始在招兵买马中大显神威。当地青年人踊跃报名，大大超出了之前计划招兵的人数，除了1000人编入工农革命军外，其他人编入了各区赤卫队。巾帼不让须眉，海陆丰的妇女们还成立了“粉枪团”。

分配土地是农民最关切的事情和最迫切的愿望，能让农民们

成立于1927年的妇女粉枪团，是海陆丰农民武装队伍中的红色妇女武装。图为苏维埃时期武装起来的海丰红色妇女粉枪队在红场参加红二、四师会师后的合影

获得安身立命的土地，则能最大程度动员他们起来斗争。苏维埃政府的中心任务，即进行土地革命。于是一场分田的热潮席卷全县，仅20多天，就按照彭湃提出的分田原则，把土地分给了农民，由政府颁发土地使用证。这在中国历史上是石破天惊的壮举。这是坐享其成的地主阶级中被认为“离经叛道”的彭湃，决绝地站在家族的对立面，站在了最广大的农民中间，以农民自我觉醒的斗争，实现的数千年都未曾敢想的“耕者有其田”的理想。

耕者有其田标语

正如当时中央临时政治局评价的那样：“在中国革命之中，这是第一次由几万几十万农民自己动手实行土地革命的口号”，“而且在土地革命的性质上，也是空前的深入”。

人人有所居，人人有所得，人人有书读，人人有所医，那个曾经被誉为“东方小莫斯科”的海丰重新回归了。一个经过血雨腥风洗礼后的海丰，以一副欣欣向荣的面容昭示着工农革命道路的坚定、共产主义信仰的坚定。

彭湃创建的海陆丰红色政权，给东江人民以巨大的影响和鼓舞。1927 年底、紫金、惠阳、惠来、普宁、五华、龙川等县的代表 200 多人来到红色的海陆丰学习。他们意识到只有靠团结起来的自己，建立工农兵的革命政府，才能实现所期冀的平等权利

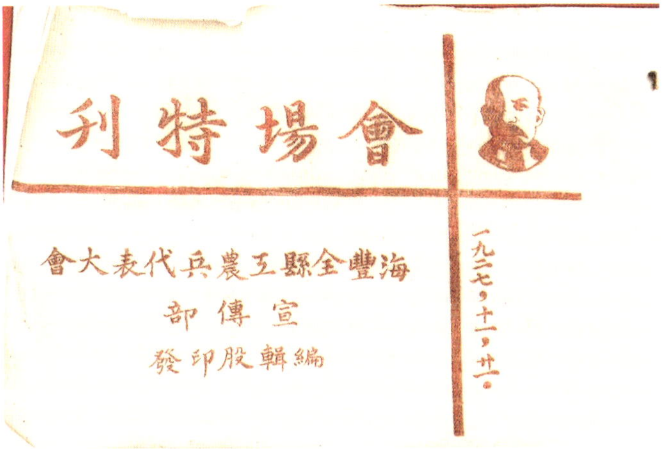
會場特刊
海豐全縣工農兵代表大會
宣傳部
編輯股印發
一九二七，十一，廿一

会场特刊

和理想生活，“以至东江许多县的县城之中，都建立了苏维埃政权”，他们按照海陆丰的面貌建造了一个新世界，终获新生。

最低谷绝不放弃坚守信仰

1927年12月11日，张太雷、叶挺、叶剑英等领导了广州起义，建立了工农兵民主政府广州公社。彭湃虽然人在海陆丰，却被推选为广州公社的人民土地委员。广州苏维埃政府成立后的主要任务之一，便是根据海陆丰的经验，建立正式的革命军队。广州起义胜利的消息传到海丰，12月13日晚，海丰县工农群众提灯游行，庆祝广州起义的胜利。中央临时政治局的决议中曾这样指出：“海丰有四十万农民的暴动，是广州起义的根据之一。”

但是，在国内外的反动势力联合进攻下，起义军经过三天的浴血奋战，终因力量悬殊，被迫撤离广州，起义失败了。12月16日至19日，彭湃和董朗率领红二师在陆丰河口、昂塘击溃杨作梅地主武装。战斗结束后，获知广州起义爆发，即组织海陆丰农民武装赶往广州，途中得悉起义已失败，只得折回。参加广州起义的第四军的教导团、警卫团主力和工人赤卫队约1200人，于12月16日撤至花县，经过整编后，改为工农红军第四师，在叶镛、袁国平和徐向前等的率领下向海陆丰转移。彭湃得悉后，立即派出海丰工农革命军前往接应。红四师于1928年1月5日

红二师旧部——海丰县羌林场朝面山

到达海丰城，与先前于1927年10月12日到达海丰进行休整和补给的南昌起义工农革命军红二师会师。起义部队与海陆丰工农武装汇合后，开辟了海陆丰根据地，这是中国共产党最早创建的农村革命根据地之一。

1月6日，海丰县苏维埃政府在红场召开几万人的欢迎大会。彭湃站在这个不久前因为海丰苏维埃政府成立而翻腾过的广场，发表了热情洋溢的讲话，指出广州公社仅存三天，但已震动了全中国，震动了全世界，今天“我们的任务就是保卫红色政权”。当他讲到广州起义失败时，激动地把手一挥说：“这算不了什么，虽然失败了，但我们是光荣的失败。我们共产党人从来不计失败，不畏困难，失败了再干！跌倒爬起来，革命总有一天会成功的！”在革命低潮之际，彭湃从未失去对信仰的坚守。

红二、四师和海陆丰工农武装的结合，大大加强了海陆丰苏维埃政权的力量。每到一地就捷报频传，红色的海陆惠普边区连成一片。这引起了国民党军阀的极大恐慌。广东军阀李福林在给

1927 年海丰苏维埃政府委员欢迎工农兵代表大会

蒋介石的电报中说："海陆丰苏维埃翘然独峙三个多月，如不及时清剿，祸不浅。"2月，粤桂军阀大举纠集兵力想要扑灭这个新生的红色政权，开始疯狂地对海丰进行"围剿"，烧杀抢掠……海丰，这个曾经天朗气清、象征美好生活的小城，处处被白色恐怖笼罩。奋起抵抗数日后，工农武装主力撤退到早已未雨绸缪建立起的大安峒、中峒等山区革命根据地继续战斗。

1928年3月1日，海丰和陆丰相继失守，仅存续4个月的海陆丰革命政权在狂风暴雨中轰然倒塌，但却给中国革命、中国

1928年1月下旬，彭湃在陆丰玄武山石塔指挥红四师和海陆丰工农革命军攻克碣石城

历史留下了厚重的印记。正如当天召开的中共中央临时政治局会议的决议指出的，“它的胜利，它的经验，应当充分地运动到一切农民暴动中去”。这些宝贵的经验，后来由毛泽东加以科学地总结，提炼出了关于红色政权的著名理论，开辟了以农村包围城市、武装夺取政权的中国革命的正确道路。中国共产党领导的农民运动，此后上演了一系列影响中国革命走向的威武雄浑的历史正剧。

海丰红宫

九

长歌当哭 热血换新天

PENG PAI

中国共产党人在最艰难的时刻，在被追杀、被压迫、被“围剿”的环境中淬炼出的坚定不移、矢志不渝的精神，是那些贪生怕死、苟且偷生的人无论如何都感悟不到的。正是无数仁人志士对革命的赤胆忠心，迸发出惊人的能量，让苦难的中国换了人间。

玉汝于成在大南山

海陆丰苏维埃政权遇到挫折后，恶旧势力又重新在海陆丰集结盘踞，以数十倍于海丰工农武装的力量对海丰民众进行疯狂镇压，对彭湃的亲属更是无所不用其极。他们烧毁了彭湃及其亲属的住所，四处抓捕彭家人，叫嚣着“彭家人抓到一个杀一个，一个不留”。彭湃母亲周凤，不得不拖着年迈的身子，带着孙儿流落澳门。而彭湃的妻子、坚强的共产党员蔡素屏，没有跟随全家到澳门避难。她义无反顾地将二子彭仕禄托付给弟媳抚养，又将刚生下的三子彭洪寄养在海丰赤山一户叫李如华的贫农家中，自己带着大子绛人，继续留在海丰，她说：“今后就是牺牲也不能随便离开海丰。”

1928 年 6 月，蔡素屏与 6 岁的儿子彭绛人一同被抓。经党的多方营救，绛人获释被送到香港，后又由周恩来派人接去上海。但 9 月 21 日，蔡素屏被五花大绑押赴刑场处决，她大义凛然并

1926 年彭湃与大儿子彭干仁、彭士禄

彭湃三哥彭汉垣烈士

鼓励流泪的乡亲农友们说："只要农会万岁，我甘愿受罪！"在澳门坚持地下斗争的彭湃的三哥汉垣、二哥达伍也先后在澳门被国民党特务跟踪逮捕，于1928年4月28日同时被害。

海丰多年艰苦卓绝的工农运动所取得的成果，在风雨飘摇中动荡。1928年3月中旬，彭湃亲自指挥红四师及惠来县的农民武装围攻惠来城，英勇杀敌，解放了惠来城。彭湃在庆祝惠来解放的大会上说："我们失了海陆丰县城没有什么了不起，现在我们又拿下了惠来城。"当部队打算积蓄力量，重新打回海陆丰的时候，却遭遇了敌人的突袭。面对4月初潮阳、普宁、惠来地区遭到的大规模"围剿"，彭湃决定率部分红军和农军到潮普惠边区的大南山一带开辟和建立革命根据地。

大南山横跨潮阳、普宁、惠来三县边界，西北低，连接海陆丰的莲花山脉，在战略上有迂回的余地；东南高，面对大海，可以从香港接济枪支弹药。且大南山境内多是连绵起伏的层峦叠嶂，关口狭隘，是开辟根据地的上好选择。

彭湃和红军战士转战于极端困苦的环境之下，常常绑着草鞋，身穿农民服装，背着装文件的竹篓，风餐露宿，以天为盖、以地为庐，辗转于大南山的丛山密林之中。彭湃住在黄竹尖山洞，指挥战斗，批阅公文，生活极为艰苦，但是他每到一地，总是不忘发动群众："农民要翻身，就要跟共产党走，只有打倒土豪劣绅，才能分田分地。”彭湃是个多才多艺的革命乐观主义者，在这个时期里写了许多充满革命激情的诗歌、歌谣，用饱含斗志和激情的诗与歌，鼓舞士气、动员农民。即使住在石洞里，他那奔向光明的创作也能从石崖中飞出，回响在大南山的每一片土地上。

大南山的武装斗争失败后，面对粮草、弹药一时难以得到补给的局面，很多战士请命要求与敌人决一死战、血债血还，但彭湃对他们说，不怕牺牲的精神固然可贵，但“我们不能让自己的水平仍然停留在猛打猛冲的阶段”，想要真正强大起来，就“要学会适应环境，保存革命力量”。他还坚定执著地说：“情况要不多久就会改变，我们党将不断成熟，革命力量将不断发展，而敌人，他们是注定要被消灭的。”

艰难困苦，玉汝于成。1928 年 6 月，彭湃在白马仔村和中共东江特委的同志一起，决定在大南山区开展游击战争，实行武装割据。彭湃和红军誓与大南山人民生死与共的消息，像战鼓声声，鼓舞着困苦中的大南山人民。他们克服一切困难，冒着生命危险，为红军收集情报、筹款、送粮。是他们源源不断的支援、掩护，让彭湃与红军如猛虎添翼，化险为夷，坚持斗争。

大南山的人民十分热爱和敬仰彭湃，彭湃却总是把功劳归于红军和人民。一天，一位农妇在深山里，看见一位脚着草鞋、身

大南山

穿农民服装、双眼炯炯有神、瘦削而面带微笑的人，就走向前去问道："你知道彭湃在哪里吗？他是救苦救难、为穷人的彭菩萨啊！"被问的人正是彭湃，他诚挚地答道："我就是彭湃，我不是菩萨，真正救苦救难的是民众和红军。"

彭湃对敌人是冷酷无情的勇士，对战友却是慈爱和蔼的兄长。他把每个红军战士都看成是革命的红色种子来爱护珍惜，把每个战士的安全、冷暖、饥寒都放在心上。那时交通员外出执行任务，不仅工作艰苦，而且风险很大，常常一连几天吃不上饭，睡不了觉，有时还要在枪林弹雨中奔走。彭湃总是要他们吃饱饭，戴好竹笠，千叮咛万嘱咐。那年月红军的给养是很困难

1928年彭湃在大南山时期与爱人许冰

的，战士们常常吃不饱，穿不暖，严冬腊月，还无棉被御寒。一次有位姓肖的小战士深夜放哨归来，冷得牙齿打颤，彭湃见了立即将他搂在怀里，用自己的体温驱赶战士的寒颤。后来好不容易弄到几床棉被，彭湃也全部分配给了战士，自己仍然盖单薄的破棉毯。

彭湃对伤病员更是无微不至的关怀。他在白水砾的岩洞中建立了一个“草鞋厂”，组织伤病员打草鞋，既解决了战士穿鞋问题，又满足了伤病员要求工作的热切愿望，因而大大鼓舞了士

大南山彭湃居住的地方

气。彭湃总是千方百计让炊事员设法做点可口的东西给伤病员吃，而他自己却同普通战士一样，常常只吃一点地瓜汤水。彭湃这种艰苦奋斗、与战士们同甘共苦的革命精神，成为鼓舞大家坚持战斗的无穷力量。

由于彭湃率领的红军与大南山人民紧密团结，使大南山革命根据地得以在敌人的“围剿”中存续和发展。这对处于白色恐怖下的全国人民，特别是广东东江地区的人民，无疑是一个巨大的

此指挥刀是廖仲恺先生赠予彭湃的，1928 年彭湃开辟大南山革命根据地时，经常佩戴此刀

鼓舞。谢觉哉曾在 1928 年 7 月 10 日的《布尔塞维克》上这样谈道："广东——自海陆丰县城失陷后，消息比较沉寂，唯东江各县尚在红军手里，日来有恢复割据之势。"文章还指出，"乡村农匪不见得多，无奈到处农民捐钱送米，不愁给养，官军往剿，农民替他侦探，军少易受彼袭击，军多彼又他逃"。可见彭湃当时领导的大南山革命根据地革命之深入、影响之巨大。彭湃属于那片实实在在的土地，他脚下的土地是武装割据的理想得以实现的根基，而与百姓们血浓于水的深情是取之不尽的力量

大南山叠石村东江特委旧址办公室

之源。

1928年6、7月间，中国共产党在莫斯科召开了第六次全国代表大会。大会再次明确在两次革命高潮之间的低潮期，党的主要任务不是进攻，不是普遍地组织起义，而是争取群众。彭湃转战大南山的策略和指导思想与之高度契合。彭湃虽未参加中共六大，但六大对他为推动中国革命的贡献给予了高度评价，并推举他为中央委员，又在后来的六届一中全会上推选他为中央政治局候补委员。

11月，彭湃遵照党中央的指示前往上海，大南山的战友和

1928 年 11 月 18 日，彭湃在大南山林祖祠召开党政会议，他说自己永远不会忘记大南山根据地和大南山的战友们

乡亲们沿途相送。彭湃饱含深情地与他们依依话别，他说永远不会忘记大南山根据地和大南山的战友们，让大家一定要坚信“黑暗即将过去，光明必然到来”。彭湃乘渔船经香港奔赴党中央所在地——上海，开启他为中国革命筚路蓝缕、风雨兼程的崭新征程。

剑指白色恐怖的上海

11 月中旬，彭湃顺利抵达上海，被任命为中共中央农委书记。紧接着，他以中共中央巡视员身份前往浙江省，与中共浙江省委代理书记李硕勋共同筹备浙江省党代会。但中央认为，当时浙江的形势不宜筹办这样大型的代表大会，应改为召开省委扩大会议，彭湃认真执行中央的指示。中共浙江省委扩大会议于 1929 年 1 月 16 日在杭州召开。

此后，杭州、宁波等重要城市建立了多个工人党支部，发展了大批共产党员，仅杭州一地到 1 月底就发展党员 166 人。但党组织的扩大和党员的发展还是引起了敌人的注意。先是青年团浙江省委机关遭到敌特破坏，杭州的一些党组织除士兵党支部外，全遭破坏，省委机关也受到严重威胁。幸好彭湃与李硕勋等省委同志都以单线联系、秘密接头，这才幸免于难。但当时的杭州已经完全不适合再开展党的工作，彭湃与徐英、李硕勋等同志商量，决定一部分同志离开杭州到各地区开展工作，省委书记徐英去嘉兴、湖州及浙西一带，周志康到浙东一带。彭湃和李硕勋、罗学瓒等继续留在杭州秘密重建省委机关。

1929 年 1 月下旬，彭湃奉命返回上海，除了继续担任中央农委书记外，还兼任江苏省委常委，工作十分繁重，经常早出晚

畏手畏脚，1 月 26 日照例出席了中共中央政治局第十八次会议，就“农民运动通告”“汉口水案对日罢工”等问题作了发言。农民运动通告是这次会议讨论的一个重要问题。彭湃在发言中指出，在联合富农中包含着反富农的斗争，这是很重要的，专谈联合或打倒都是不对的。他还坚持笔诛墨伐，接连在《党的生活》和《布尔塞维克》等刊物发表针砭时弊的文章，鞭挞国民党反动行径和社会时事。

针对“汉口水岸对日罢工”问题，彭湃在党内刊物《布尔塞维克》第 2 卷第 5 期发表《反帝运动的危机》，指出国民党“积极的运动水案。……为甚么国民党那样的关心呢？国民政府的代表去光顾那更微贱的人力车夫水杏林的妻儿，是不是爱惜工人呢？远的不要说了，最近许多地方如上海北京武汉广州……的工人，为着反对资本家残酷的待遇而斗争，为迫着于‘饿死’而不得不向资本家罢工。国民党怎样办呢？毫无疑义的直接的镇压下去，或则欺骗工人而破坏下去。……为甚么汉口几天前美国的水兵答恩斯毒死一个女工没有人过问呢？英国人在上海香港汉口每每都有打死华工的事情，为什么国民党不作声呢？”彭湃的质疑是有根据的。1928 年 4 月 22 日江南造船厂千余工人罢工，次日海军总司令部以“北伐时期，严禁罢工”为词，勒令工人立即复工，24 日工人在武力压迫下复工；10 月 2 日，上海邮务工会宣布全市二千余邮务工人举行邮务大罢工，15日蒋介石撰文指责上海邮务工会罢工事件是意图掀起各地工潮，影响社会之“轻率举动”；1929年1月初，新新公司职工因反对资方开除工人、克扣膳费、禁止集会等与资方发生冲突。经上海市社会局三次调解，资方均拒不出席，激起劳方公愤。5日，职工800余人罢工。工潮久延不决，引起了蒋介石的不安。

《布尔塞维克》编辑部旧址今景

针砭时弊的文字直击蒋介石政府的行径，“不只是消极的转移中国人民的视线而掩蔽他投降英美的罪恶，而且在积极方面可以麻醉群众，幻想他们仍然是革命的”；“一方面使中国群众只集中视线去反日，而忘记了英美同样的强盗”。为此，彭湃提出坚决进行与国民党反帝运动相反的策略，即“打破单独的反日运动而为反对一切帝国主义——尤其是日英美”，“反帝国主义的工作就应该和反国民党的工作联系起来”，“无产阶级应该起来夺取反帝运动的领导权”。这无疑是针对汉口水案的唯一正确策略，反帝反蒋，完全符合中国共产党提出的最低纲领。

由于“土地革命时期，江苏省委一直设在上海，战斗在国民党反动派的心脏地区，秘密领导上海和江苏各地（当时叫外县）的人民革命斗争”，是中国共产党最大的地方组织，党员人数众多，但当时省委领导不很得力。党中央初步提出由中央兼管江苏省委工作意见。不同意中央意见的江苏省委一些负责人，没有按照正常的组织原则向中央反映，而是违反组织原则，在一些场合散布对中央的不满。党中央理所当然地提出了严肃批评，并采取改组江苏省委的组织措施。2 月 19 日，彭湃经过调查研究后在《党的生活》第五期上发表题为《健强阶级主力向小资产阶级意识奋斗》的文章。他针对江苏省委改组以前暴露出来的小资产阶级的思想意识和走到非组织上的行动，分析了小资产阶级意识

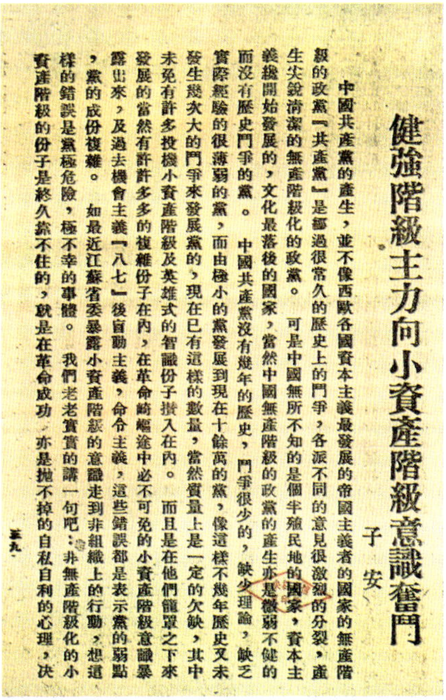

健強階級主力向小資產階級意識奮鬥

子安

中國共產黨的產生，並不像西歐各國資本主義最發展的帝國主義者的國家的無產階級的政黨「共產黨」是經過很常久的歷史上的鬥爭，各派不同的意見很激烈的分裂，產生尖銳淸潔的無產階級化的政黨。 可是中國無所不知的是個半殖民地的國家，資本主義纔開始發展的，文化最落後的國家，當然中國無產階級的政黨的產生亦是微弱不健的而沒有歷史鬥爭的黨。 中國共產黨沒有幾年的歷史，鬥爭很少的，缺少理論，缺乏實際經驗的很薄弱的黨，而由極小的黨發展到現在十餘萬的黨，像這樣不幾年歷史又未發生幾次大的鬥爭來發展黨的，現在已有這樣的數量，當然質量上是一定的欠缺，其中未免有許多投機小資產階級及英雄式的智識份子攙入在內。 而且是在他們籠罩之下來發展的當然有許許多多的複雜份子在內，在革命崎嶇途中必不可免的小資產階級意識暴露出來，及過去機會主義「八七」後盲動主義，命令主義，這些錯誤都是表示黨的弱點，黨的成份複雜。 如最近江蘇省委暴露小資產階級的意識走到非組織上的行動，想這樣的錯誤是黨極危險，極不幸的事體。 我們老老實實的講一句吧：非無產階級化的小資產階級的份子是終久靠不住的，就是在革命成功，亦是拋不掉的自私自利的心理，決

五九

彭湃撰写的《健强阶级主力向小资产阶级奋斗》刊登在《党的生活》第5期

的危害性和加强党的思想和组织建设的重要性。彭湃指出，在帝国主义和国民党反动派千方百计向党进攻的时候，“小资产阶级意识非组织行动的暴露，……实际上确是有莫大的陷害党的政治工作而是帮助了敌人的反动，是党的一种重要的事体，这事全党极应注意的”。他强调党的指导机关“要经常讨论党的大事，事事加以研究讨论，才不至于发生这个问题，必须不忘的学！学！学！学！养成政治上的阶级主力的战斗力，向外与敌人奋斗！向内与

小资产阶级的意识及非无产阶级化的分子奋斗！”彭湃旗帜鲜明地反对资产阶级和小资产阶级意识，对增强党的团结和统一、增强党的战斗力大有裨益。文章发表后，党中央组织党内进行讨论，收到了较好的效果。

2月9日至10日，彭湃参加上海闸北区委（当时江苏省委兼上海市委）会议，会议讨论了派同志去莫斯科学习和从莫斯科留学回来的同志的工作安排等问题。会上有人反映说，张某某“是团兼党的同志，也从莫回来，现在因他是广西人，在上海一点社会关系都没有，找不到职业，天天闹饭荒，党又无工作分配”。会议结束后，彭湃本着认真负责的态度于2月11日（大年初一）写信给党中央，如实反映情况，并提出自己的建议。“这个问题可以在上海发生，各省也会发生的。我以为中央对于派赴各省工作的留学生，应该比较具体的指示省委注意和分配工作的方法。并要省委对于莫斯科回来的同志如何分配工作应做书面报告，不能任其放任，才不牺牲党培养人才的精神和物质”，建议“中央对于这些由莫回来的同志，应再经过中央短期的训练，使其明了中国目前状况及党的任务”。2月23日中央组织部回复彭湃，认为信中提出各级党组织对于回国同志应该注意的事项大都是适用的。

5月间，上海法租界电车公司发生了租界电车公司资本家挑拨工人打架事件。事情起因是机务间的一个工人在电车上和车务间的工人发生口角。资本家乘机挑拨离间，对车务间的工人说，机务间的工人欺侮你们，为什么不去报复？出了事由我负责。于是车务间的工人成群结队去质问机务间工人，结果两个车间的工人互相殴打起来。最后因机务间大多数工人明白事理，避开现场，才没有造成伤亡。两个月后，彭湃在江苏省委机关刊物《教育周刊》上发表了《斗争的转变与深入》一文，分析与总结了上述事件的经验教训，提出了我党对这类事件应采取的态度与斗争策略。彭湃认为，“工人与工人自己打起来这是最不幸的一事。”那么，党组织是不是去做“和事佬”，劝解双方，要他们平心静气用和平的方式来调解呢？彭湃指出，这种“和平调解的策略，客观上是帮助了资本家，再坏没有”。“因为这一事件是资本家挑拨起来的，如果继续下去必妨害了他生意，当然是要解决的。”是不是去鼓励工人们殴打得更凶狠呢？彭湃认为：“这更是要不得。正确的策略是斗争的转变。党应该在群众中暴露资本家挑拨工人打架的罪恶，鼓励他们摩拳擦掌勇气百倍的精神一致的去对付资本家，要资本家认罪，要资本家赔偿，如不答应，就采取怠工或罢工的方法去回答他的阴谋。这叫做斗争转变的策略。”农民运动大王在指导上海工人运动时同样得心应手、运筹帷幄。

7月，党中央决定将彭湃调回中央，加强农委的领导工作，虽江苏省委提出挽留，却未得到党中央的批准。8月15日，是彭湃最后一次参加江苏省委常委会的会议。因需将江苏省委的工作进行移交，他决定于 8 月 24 日请有关方面的负责人集中开会。当天下午 3 时左右，会议如期在上海沪西新闸路六一三弄经远里 12 号二楼举行，这是中央军委的例行开会地点，也是中央军委秘书白鑫的家。与会人员是白鑫通知的，参加会议的有中共中央政治局常务委员、军事部部长杨殷，中共中央军委委员兼中共江苏省委委员颜昌颐，中共江苏省委军委兵工运动负责人邢士贞，上海市总工会纠察队副总指挥张际春等。本来周恩来也决定要参加会议，因临时有事未能出席。

会议开始后，谁也没有想到此时的白鑫已经背叛了革命。苏维埃政权被摧毁后，白鑫偕妻来到上海，初任中央军委秘书。

在会议大约进行了 1 个小时后，下午 4 时左右，经远里突然被工部局的几位巡捕杀气腾腾地围堵。彭湃被捕了，同时被捕的还有杨殷、颜昌颐、邢士贞，他们被全副武装的军警押上五辆红皮钢甲汽车送至新闸路捕房。为了掩人耳目，白鑫也一起被捕，但不久后便被释放。

将炼狱变为燃烧斗志的战场

就在警车呼啸而去的那一刹那，天一下子暗了下来……彭湃被捕的消息，第一时间由当时中共中央特科的负责人陈赓报告给了周恩来，周恩来感到震惊而痛心。从感情上而言，在动荡飘摇、风雨如磐的革命年代，周恩来与彭湃早已结下了深厚的情谊。1924 年，周恩来从法国勤工俭学归国，踏上广州码头时，第一个迎候上来的人就是彭湃。彭湃把他接到自己在广州的寓所，刚放下行李，两人就酣畅淋漓地抒发对国家前途、民族命运的见解，相投的志趣、相同的见地让他们一见如故。后来，周恩来任黄埔军校政治部主任时，彭湃任广州农民讲习所所长带领学员到黄埔军校接受军事训练。其后彭湃被派去广宁指导农民运动，恢复广宁农会的斗争，彭湃几次到广州找周恩来商量对策，最终打下江家炮楼，使党领导的第一支农民武装威震西江。1925 年两次东征，彭湃始终与周恩来并肩作战，东征军荣抵海丰时，也是彭湃率领海丰百姓夹道欢迎周恩来率领的队伍，两双有力的臂膀再一次紧紧相拥。南昌起义时，周恩来与彭湃同为前敌委员会委员，共同肩负起义重任……周恩来不能失去这样一个亲密无间的革命战友，中国革命不能失去这样一位身先士卒的战士，而海陆丰的农民们更不能失去这样一位带领他们翻身求解放的领袖。周恩来一刻都不能再等了，他立即召集中央特科人员，策划营救工作。

彭湃是赫赫有名的农民运动大王，是敌人重金悬赏缉拿的“共党要犯”，入狱后即验明正身随即上报。在 27 日的提审中，已知身份暴露的彭湃，无所畏惧、大义凛然地高声叫道：“我就是彭湃，你们要怎样就怎样！”彭湃激昂的陈词，掷地有声，革命者誓死捍卫信仰的坚定直抵人心：“国家濒临灭亡的边沿，民族处于屈辱的困境，凡有血性的中国人，皆思救我中华……以救国兴邦为己任。……试问何罪之有？而真正有罪的不是我们，是蒋介石和国民党反动派。……（他们）在全国制造白色恐怖，把泱泱中国弄得暗无天日，使革命者的血和人民的泪，洒遍神州大地。”他慷慨道出自己为何抛弃优裕生活，舍弃万贯家财，深入农村，唤醒群众，进而创建海陆丰苏维埃政权，又带领红军与农军开辟革命根据地，“为的是救我中华……不久的将来，一定会在全国建立苏维埃。那时的中国人民，一定会有幸福的生活”。愁苦惨淡的狱中，一变而为激昂慷慨的沙场，连“问官亦为之动容”。审讯无可奈何地结束了，决定于8月28日清晨，将彭湃、杨殷他们转解至龙华淞沪警备司令部看守所。

此时，中共中央特科的营救工作也在紧锣密鼓地进行着。据当时在特科工作的李强回忆：“我在水仙庙附近找了一家英国人开的旅馆住了下来，住房的窗口正对着水仙庙看守所。但过了一两天仍未看到动静。后来我们通过其他线索获悉彭湃等第二天一早将被押往龙华伪淞沪警备司令部。于是，我们进行营救前的工作，上街买了许多东西回来，其中包括敲开铁铐的工具……周恩来下命令说，凡是会使枪的都去，于是我也去参加了，一共去了十几二十个人。”

营救队伍连夜做着营救前的准备工作，其他工作都已准备妥当，就差枪支还未送来。不久，驳壳枪送来了，可是枪里面因为涂了一层黄油而没法打响，等买来煤油再把黄油洗掉后，时间已经过去了一两个小时。营救同志们在李强的带领下，装扮成拍电影外景的队伍，持枪赶往截车营救点，潜伏在押送的必经之路上。时间就这样一个小时、一个小时地过去了，等回过神来方才发现押送车早已绝尘而去。

转押到龙华警备司令部看守所后，敌人对彭湃、杨殷等疯狂使用重刑，但却丝毫没有动摇他们革命的意志。危难关头，方显共产党人坚定的意志和信念，他们对死亡的蔑视更令敌人心惊胆战。彭湃旺盛的革命斗志一刻都没有停歇，他置生死于度外，想尽一切办法在狱中宣传党的工作，鼓舞狱友坚定革命必胜的信念；他还和杨殷一起高唱《国际歌》和《少年先锋歌》，歌声震荡在阴森凄清的狱所上空，也震荡在战友们心中。原本凄冷的监狱再也不是悲切的场所，而成了点燃战斗到死意志的沙场。在这种舍生取义精神的极大感召下，有些狱友顿悟了，感慨道“只有跟着共产党走，才是我们穷人的正当出路”。他们崇敬和敬佩彭湃大义凛然的革命风范，“到底是我们的中央领袖，能做我们的表率”，一些久仰彭湃大名的狱友，也纷纷前来，以目睹彭湃

龙华警备司令部监狱男牢

为荣。

不仅如此，自知来日无多的彭湃，还抓紧一切时间向看守兵宣传党的理念。当回顾在海丰发起农会、建立苏维埃政权的时候，彭湃注意到，看守中有个班长是广东人，彭湃的记性很好，一看这个班长就感觉面熟，聊天才知他曾参加过海陆丰农民运动。大革命失败后，跑到上海投亲靠友，进了龙华警备司令部看守所。因为彭湃是死囚，所以关在一个单间牢房里。正好晚上班长来给他送茶水，彭湃就悄悄问他认不认识自己。班长说认识，并感到很惭愧，知道彭湃是死刑，心里很难过。彭湃说：“那很好，你参加过海陆丰农民运动，看来你还没忘本。”他不失时机地教导班长在狱中也可继续为革命做工作。澎湃隔着上了铁锁的牢门，与他进一步悄声谈心说：“我们党要想派人打进这里来很不容易，你能不能看在过去一起搞过革命的情义上，利用你的班长职权，帮助我们照顾一下政治犯，尽你职责范围以内的可能，对他们稍为优待一点？”那班长慨然应允了。彭湃又对他说：“请你去转告他们，我是彭湃，被捕了，请同志们一定要注意：第一，绝对不要暴露自己的身份；第二，在狱中不要急躁，务必要忍耐，不要为一些生活上的小事找当班看守们的麻烦，否则只会给自己增加麻烦、加重处罚；第三，我们的党一定会胜利的，大家一定会见到光明的，对革命的前途一定要有胜利的信心，如果外面有社会关系，就尽量通过关系保释出去，继续努力为党工作。”

那时，关押男犯人的牢房一共占据了三条弄堂，其中关的绝大多数是政治犯。那位班长就把彭湃的三条嘱咐向全体男女政治犯们分别作了传达。听了彭湃的嘱托后，本就充满着革命乐观主义精神的同志们，更是受到了很大的教育和鼓舞。女囚犯们一边洗衣一边还哼着歌，这歌声被彭湃听到了，他就问那个班

与男牢一路之隔的女牢

长："听说女牢里也关着政治犯，我听说她们在洗衣服时还唱歌呢！""是的，关了八个罢工的女工。"彭湃问："里头有没有识字的人啊？"班长说："她们都说不识字，但我感觉到里头有一个身材矮小的可能识字。"彭湃就托班长设法找那个可能识字的女犯来与他谈谈。于是，黄慕兰便这样隔着牢门的窗口与彭湃见了一面。

就在两天的时间里，彭湃还争取到这个班长的协助，搭建起一条由龙华监狱通往狱外的地下秘密交通线。彭湃写给党中央的几封信也由此传送了出去，而这条秘密交通线在彭湃牺牲后仍然发挥着重要的作用。

国民党人还没有放弃对彭湃的威逼利诱，淞沪警备司令熊式辉想到可以利用彭湃早年曾与蒋介石有过合作的经历，于是请彭湃单独到一个静室密谈。他劝说彭湃离开中共的队伍、放弃革命，再度与蒋介石合作，双方可尽释前嫌。但这一套对彭湃显然毫无用处，并且还遭来一阵痛骂："蒋介石是帝国主义的走狗，是双手沾满人民鲜血的刽子手，他在东征时就是国民党右派，现在看来，比陈炯明、吴佩孚还要坏十倍。我们只有向他讨回血债，把他打倒，哪有什么合作可言？！"此言一出，熊式辉立刻令打手们将彭湃推进刑室，用刑具对彭湃进行了惨无人道的折磨和凌辱，致使他肢断骨裂，"晕去九次之多，弄得手足俱折、身无完肤"。

彭湃受尽各种严刑拷打和利诱，但他铁骨铮铮，宁死不屈。在得知周恩来正积极安排营救时，他全然不顾一己的生死，在仅存的时间里，想方设法营救其他被关押的同志。8月30日清晨，彭湃与杨殷提笔写下了给党中央的第一封信。

（一）尽量设法做到五人通免死刑。（二）上条不能做到，则只好牺牲没有办法之安揆（安即孟安，是彭湃的化名；揆

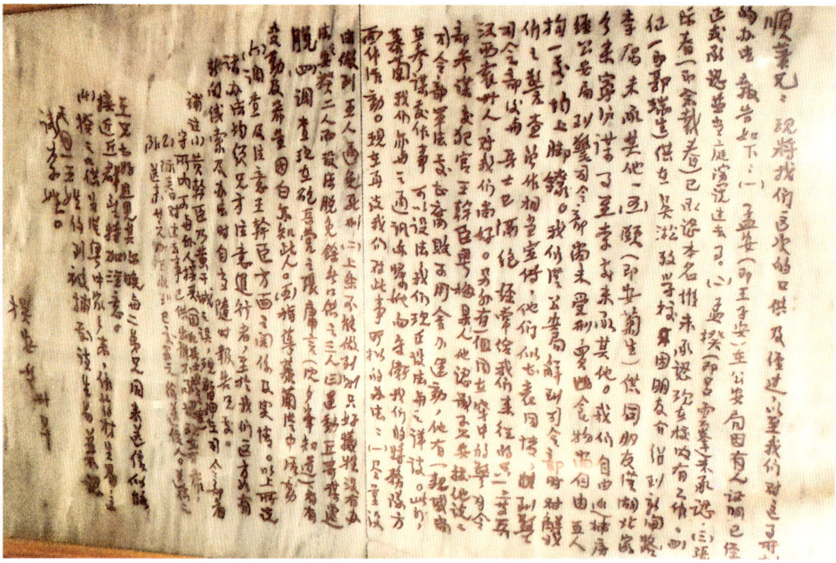

彭湃、杨殷在狱中写给党中央的第一封信

即孟揆，是杨殷的化名）二人，而设法免除余无口供之三人。（三）运动丘哥（国民党小班长）谋逃脱。（四）调查现在炮兵营之张庸言，看有变动及希望。因白（即叛徒白鑫）亦知此人。（五）指导慕兰从中活动。（六）调查及注意王干臣方面之关系及实情。

“我们已共同决定好临死时的演说词了。我们未死的那一秒钟以前，我们努力地在这里作党的工作，向士兵宣传，向警士宣传，向狱中群众宣传。同志们不要为我们哀痛，望你们大家努力。”拳拳之心，跃然纸上，彭湃已作好了牺牲的准备，而只要还有一息尚存，他就要鼓舞斗志、唤醒群众，拼劲最后的气力斗争下去。

午后时分，彭湃被秘密押往特别法庭，进行所谓的最后裁决。当两个膝盖被铁杆压得血肉模糊的彭湃被抬回牢房后，难友们见状纷纷低声啜泣。彭湃忍着全身的伤痛，写下了给妻子许冰的诀别信：“冰妹：从此永别，望妹努力前进。兄谢你的爱！万望保重！余言不尽！你爱（的）湃。”不久，难友们得知了蒋介石下令即刻处决彭湃的消息，一时间悲痛万分。彭湃起身安慰难友与同志们，转身在狱中的墙壁上画下了一条穿云拨雾的苍劲飞龙，豁达而释然地对难友们说：“海丰的陈月波把我的小名天泉诬称为天蛇，其实我不是蛇，乃龙也，今天我要上天了！”在最后的时刻，彭湃也不忘带给人生的希望，他说：“这早已是意料中的事，你们要坚持斗争到底，让共产主义在中国开花结果。”

永诀的时刻就在眼前，每一分每一秒都如此珍贵。彭湃在生命的最后时刻，用鲜血和生命给党写下了最后一封信。

冠生（周恩来的代号）暨家中老少：

我等此次被白害，已是无法挽救。张、梦、孟都公开承

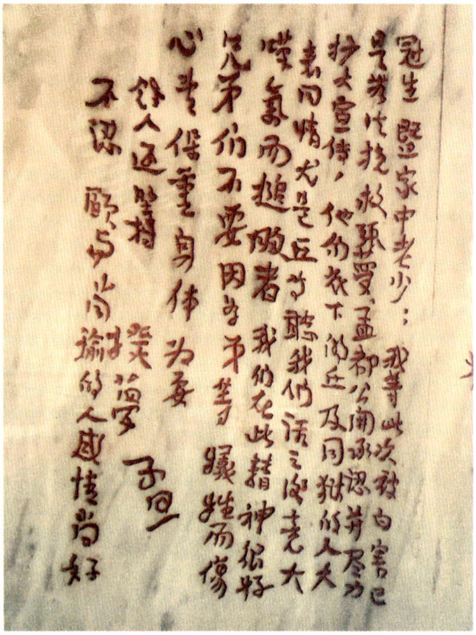
冠生暨家中老少：我等此次被白害已
是被杜捉叛卖，孟都公开承认并尽力
扩大宣传，他们底下的丘及同狱的人大
表同情，尤是丘等听我们话之后竟大
叹气而捶胸者。我们在此精神很好
兄弟们不要因为弟等牺牲而伤
心。望保重身体为要
余人还坚持
不认 颐与肖瑜的人感情尚好
揆梦
孟

彭湃、杨殷在狱中写给党中央的最后一封信

认，并尽力扩大宣传。他们底下的丘和同狱的人，大表同情。尤是丘等，听我们话之后，竟大叹气而捶胸者。我们在此精神很好，兄弟们不要因为弟等牺牲而伤心。望保重身体为要！

余人还坚持不认，颐与肖瑜个人感情尚好。

揆梦　孟

纸短情深，字字千钧。行刑前，他亦是坦然："为了我们的子子孙孙争得幸福的生活，就是献出了自己的生命也是在所不惜的。”誓言铿锵，信仰永存。8月30日，上海龙华，彭湃与杨殷、颜昌颐、邢士贞4人英勇就义，年仅33岁，他直冲云霄的呐喊震裂了龙华阴霾的天空，回响不绝。

“让共产主义在中国开花结果”

至暗的午夜，黎明还很远，但英雄如炬的目光穿透黑暗迎向曙光。

彭湃等人就义的噩耗很快传遍了四野。周恩来含着悲愤的眼

彭湃就义前拍照

泪，随即以党中央的名义发表了《中国共产党反对国民党屠杀工农领袖宣言》，高度评价了彭湃短暂而光辉的一生，指出他曾领导海陆丰几万农民，开始中国农民反抗地主剥削的革命斗争，他曾指导着全广东几千万农民不断地反抗一切地主阶级残酷的压榨；他曾亲身领导东江海陆丰广大农民群众实行土地革命，肃清反动的帝国主义与封建势力，反抗资产阶级的剥削，创立苏维埃政权。他参加南昌起义、英勇斗争的历史早已深入全国广大工农劳动群众的心中，成为广大群众最爱护的领袖。“谁不知广东有彭湃，谁不知彭湃是中国农民运动的领袖？一切反革命派污蔑他是杀人放火的罪犯，但广大工农劳苦大众，尤其是几万万农民群众却深深地知道他是他们最好的领袖，是土地革命的忠实领导者！”

然而，白鑫叛变后就被敌人保护起来，不知所终。由于白鑫与柯麟是旧相识，但又不知道柯麟的政治身份，时任中央特科情报科科长陈赓便将寻找叛徒的任务交给了柯麟。当时，白鑫曾秘密到柯麟诊所看病。柯麟不动声色地给他看完了病，然后以取药为名，暗地派人通知中央特科。不过，中央特科的人尚未赶到，白鑫就匆忙离开了诊所。半个月后，白鑫约柯麟到法租界的一家饭店给他看病。柯麟如约前去，“现场防备森严，柯麟不急不慢地替白鑫诊断，并利用给白鑫看病的间隙与白鑫闲聊。白鑫邀请他下次到自己的住处——法租界霞飞路和合坊范争波的公馆里来看病”。不久后，中

通往刑场的路

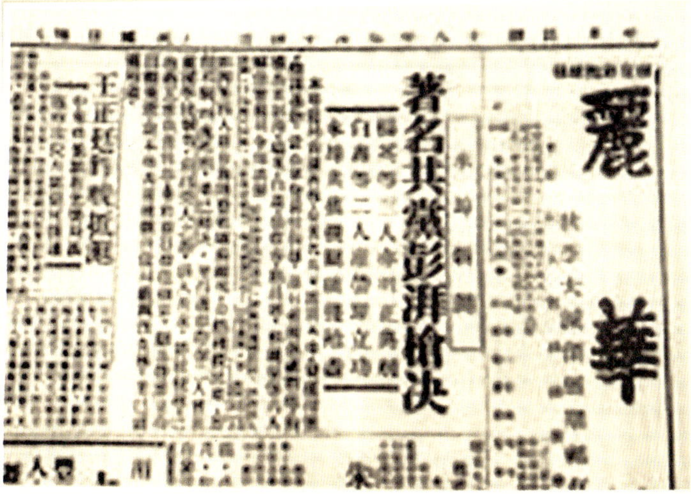

著名共黨彭湃槍決

麗 華

1929 年 9 月 14 日,《民国日报》对彭湃遇害的报道

嗚呼！彭湃同志之死

據上海電報　彭湃同志於最近被國民黨軍閥蔣介石逮捕槍斃了，這是中國革命重大的損失。

彭湃同志的履歷另見，此地不重述。但我們簡單的說一句：彭湃是中國勞苦農民群衆的父親。中國農民運動的開始第一人是彭湃同志，引導農民實行土地革命的開始第一人是彭湃同志，組織農民蘇維埃政權的開始第一人也是彭湃同志。彭湃同志曾領導成千百萬的勞苦農民群衆作了十來年的堅苦鬪爭，爲勞苦農民解除地主軍閥帝國主義的剝削與壓迫而鬪爭，與勞苦農民群衆同受饑餓，同受患難，歷盡千辛萬苦，所以彭湃同志成爲成千百萬勞苦農民群衆所親愛的擁戴的唯一領袖。

彭湃同志是中國共產黨員，一九二七年以後連任爲中國共產黨中央委員，是最熱烈最精明最饒勇的無產階級領導農民的先鋒戰士，是最能正確執行共產黨對於農民策略的布爾塞維克。

今天一旦被我們階級的敵人蔣介石所逮捕槍斃了，中國無產階級失掉一員最能戰鬪的饒將，勞苦農民群衆失掉他們的父親，這是如何重大的損失呀！

雖然，一個彭湃死了，卻有成千百萬的彭湃存在着，因爲被彭湃同志所領導與反動勢力大小數百餘戰的成千百萬的勞苦農民群衆都是他的化身。彭湃同志之死這一個損失，這是成千百萬的勞苦農民群衆會塡補的，他們必會與無產階級親密聯合並受其指導，而完成中國的革命，打倒代表資產階級和地主聯盟的國民黨政府，建立工農蘇維埃政權，來塡補這個損失的。

彭湃肉身雖死，彭湃精神不死！

（鄧中夏）

1929 年 10 月 8 日《工人之路》第 392 期刊发邓中夏撰写的悼念彭湃的文章

ПАМЯТИ тов. ПАН-ПАЙ.

Телеграмма из Шанхая принесла потрясающее известие. Расстреляны четыре товарища, в том числе и тов. Пан-Пай.

Тов. Пан-Пай был первым пионером китайского крестьянского движения. Он начал работать среди крестьянских масс провинции Гуандуна еще в конце 1923 года. Родился он в помещичьей и джентристской семье. Отец разорился, и он не мог кончить среднюю школу. Будучи студентом в Кантоне, он примкнул к революционному движению 1919 г., а затем участвовал и в создании первых социалистических кружков Гуандуна. Он, однако, был против как сунятсеновского утопического капитализма, так и против «социалистического» либерализма Чен Гун-бо, Тан Пин-сяна и др. Он с самого начала жаждал массового действия. В 1920—21 г. он вступил в китайскую коммунистическую партию, явившись одним из основателей гуандунской ячейки партии. Проработав среди кантонских рабочих, он скоро поехал на родину, в Хайфын. И с тех пор началась его работа среди хайфынских крестьян.

Был он массовиком, ходил к крестьянам в поденщики, собирал их на сходки, обсуждал с ними злободневные вопросы, сам вместе с ними испытывал голод и все невзгоды. Его «Доклад о Хайлуфыне» был первый и ценнейший документ о китайском крестьянском движении.

В уханский период он приехал в Ханькоу и был избран во временный исполком всекитайского крестьянского союза. Во время 5-го с'езда киткомпартии в Ханькоу в земельной комиссии ЦИК гоминдана он защищал отчетливую революционную линию в аграрном вопросе.

Он был выбран 5-м с'ездом в члены ЦК. Во время уханского переворота он подготовил восстание в Хайфыне, а также руководил хайлуфынским восстанием, приведшим к установлению советской власти и расширению революционного движения в гуандунской, хунаньской и цзянсийской деревнях в конце 1927 г. и начале 1928 г.

Тов. Пан-Пай был назначен кантонским советом наркомземом и работал в Хайлуфыне до падения советской власти. На 6-м с'езде он был выбран в ЦК киткомпартии. После этого он стал членом политбюро и работал в ЦК.

Тов. ПАН-ПАЙ.
Председатель советского правительства в Хайфыне (1928—29 гг.). Член ЦК китайской компартии. Организатор крестьянского движения в Южном Китае. Казнен в Шанхае.

Тов. Пан-Пая больше нет. В лице его киткомпартия и китайская революция потерпели огромный урон.

Гоминдановская реакция торжествует над трупами лучших сынов китайской революции. Но ей не уничтожить нас всех, всего китайского пролетариата. Сотни, тысячи новых борцов продолжат дело, начатое тов. Пан-Пай.

ЦЮЙ-ВИТО.

1929 年 9 月 24 日苏联《真理报》刊登《纪念彭湃同志》一文

央特科得到情报，白鑫将启程前往意大利。周恩来和陈赓等人意识到，这是除掉白鑫最后一个机会。中央特科立即部署，不仅惩杀了叛徒白鑫，还除掉了特务头子范争波。

1929年9月29日，上海各界举行追悼大会，发出了《为追悼被国民党惨杀的彭杨颜邢四革命领袖告上海民众》书。在江西以及中央苏区各根据地也举行了各种形式的悼念活动，还建立了纪念彭湃和杨殷的彭杨军事学校。彭湃牺牲的消息传回故乡大地时，更是引起了广东及东江海陆丰群众的悲鸣和愤恨。在白色恐怖的重重阴霾下，海陆丰的党组织和群众在海丰莲花山下的白水礤举行了隆重的追悼大会。他们决心踏着彭湃的鲜血奋勇前进，完成彭湃未竟的革命事业。

彭湃牺牲后，周恩来得知烈士的母亲周凤流落澳门，立即派人将她接到上海，由党中央机关予以照料，同时又妥善安置了彭湃烈士的遗孤。中华全国人道互济总会与上海市人道互济会还印发了《紧急启事》散发到各地，发动募捐，资助烈士的亲属遗孤。

而彭湃烈士的亲属们，也没有沉溺于失去亲人的巨大痛苦之中，他们“继续我彭湃同志的精神”，投入到“踏着他的血迹坚决的到群众中间去磨利我的刺刀，杀尽一切敌人”的战斗之中。彭湃烈士的战友和妻子许冰，在彭湃牺牲后放弃了去苏联学习和

毛泽东主席与周恩来总理与彭湃母亲周凤老人合影

留在上海工作的机会，坚决请求党批准她回到彭湃战斗过的东江继续革命斗争。她说：“半年来的悲哀已给了我教训，一切敌人完全不会因我的悲哀而消失，心中的创痕也没因我的痛苦而填补，深仇大恨丝毫不会因为我的热泪狂流而报复。”1930 年夏天，她毅然把女儿彭美美寄放在上海，将幼小的儿子彭小湃寄养在大同幼稚园，只身返回东江大南山革命根据地，担任中共东江特委

彭楊顏邢四同志被屠殺的一週年

紅旗日報

中國共產黨中央委員會機關報

一九三〇年八月三十日

提要

今日是彭湃楊殷顏昌頤邢士貞四同志被難

紅軍由平瀏醴三路會攻長沙

德國共產黨宣言否認凡爾塞和約與楊格計

本報特別啓事

紀念着血泊中我們的領袖!

1930 年 8 月 30 日，中共中央机关报《红旗日报》发表《彭杨颜邢四同志被屠杀一周年》社论

委员，踏着彭湃的足迹转战于大南山，后在汕头市英勇牺牲。大革命时期彭家有 7 位亲人英勇就义，其中 6 位是共产党员，牺牲时最大的 35 岁，最小的年仅 17 岁。

1930 年 8 月 30 日，党中央机关报《红旗日报》的“提要”中，用醒目的大字写着：“今日是彭湃、杨殷、颜昌颐、邢士贞四同志被难的周年”，在第一版《纪念着血泪中我们的领袖》专栏里，发表了周恩来以“冠生”为笔名撰写的文章，文中指出彭湃等人是“积了无数次斗争与战绩，从广大的群众中涌现而锻炼出来的革命领袖”，他们虽然牺牲了，但他们的战绩是不可磨灭的，它“照耀在千万群众的心中，熔成伟大革命的推动之力，燃烧着每一个被压迫群众热情，一齐奔向革命的火原”！“烈士的革命精神不死！我们的奋斗不绝！踏着烈士的血迹前进！直到革命的最后胜利！”

90多年来，人民无限怀念彭湃，无限追忆彭湃的功绩。正如当年党中央在《告人民书》中指出的那样：“他这样英勇的革命斗争的历史，早已深入广大劳苦群众的心中，而成为广大群众最爱护的领袖。”这是历史最公正的评价。他伟大的精神气贯长虹，伟大的斗争光耀史册。他百折不挠、敢为人先的开拓精神，是鼓舞后来人革故鼎新的力量源泉；他身先士卒、大公无私的精神，又是革命队伍薪火相传、至死不渝的不竭激励；至于他那彻底奉献、扶危济困的崇高品德，更是为后世树立了典范。这也正是在中国发生的革命，为什么能够进行下去、为什么能够成功的有力回答。

2009年新中国成立60周年之际，彭湃入列“100位为新中国成立作出突出贡献的英雄模范人物”。人民永远铭记，新中国永远铭记。历史的选择，皆是人民的选择。惊天动地、波澜壮阔的革命年代过去了，但革命者留给中国社会滚滚向前的精神永不湮灭。海潮澎湃，生生不息……正是无数革命先驱者筚路蓝缕、勠力同心创下的千秋伟业，才使20世纪风起云涌的革命之后，中华民族的命运开始转变；而一个民族，也由此开启了雄浑伟大的复兴之路。

彭湃大事年表

1896 年

10 月 22 日　生于广东省海丰县县城龙津溪畔的一个地主家庭，乳名天泉，双名汉育。父彭辛，母周凤。有兄弟姐妹七男四女。

1901 年

进海城七圣宫读私塾。

1903 年

进林祖祠小学读书。

1906 年

父与嫡母相继去世。

1909 年

进海丰县第一高等小学读书。

1912 年

与海丰鹿境乡蔡素屏结婚。

1913 年

进县立海丰中学读书。

1917 年

春 离开海丰到广州广府中学上学。

夏 东渡日本，入东京成城高等预科学校学习日语和补习课程。取名彭湃。

1918 年

5 月 16 日 闻日本帝国主义与段祺瑞政府签订《中日陆军共同防敌协定》后，与友人特摄“国丧纪念”照片，“以示国仇之不忘”。

5 月下旬 留日学生为抗议日本警察迫害中国留学生的爱国运动，决定全体罢课归国。彭湃回到海丰。

6 月中旬 被迫返日继续学习。

9 月 30 日 考入早稻田大学专门部三年制政治科。

1919 年

4 月中旬 与部分留日中国学生前往东京火车站，截拦、痛打中国驻日公使章宗祥。

5 月 7 日 参加留日中国学生在东京举行的国耻纪念集会和示威游行，被日警打伤。悲愤之余，破指血书“毋忘国耻”，寄回海丰县学生联合会。

5 月下旬 离开东京经上海回海丰，暑期后返东京。

9 月 18 日 加入当天成立的建设者同盟，不久后又加入劳动者同情会。

1920 年

10 月 在东京发起组织赤心社。

11 月 加入由日本人和朝鲜人在东京发起组织的戈思摩俱乐部。

1921 年

5 月 1 日 在东京参加日本劳动人民的示威游行。

5 月初 毕业回国。回国后不久加入中国社会主义青年团。

5 月 15 日至 19 日 在《双周评论》第一、二期发表《日本底五一》。

5 月 23 日 回海丰参加祖母葬礼。稍后，发起组织社会主义研究社。

7 月 30 日 发起组织劳动者同情会。

8 月中旬 前往广州，期间会见陈独秀。

9 月 1 日 在《新海丰》创刊号上发表《先同胞》。

10 月 1 日 陈炯明指令海丰县长翁桂清委任彭湃为县劝学所长。彭湃于当天正式就职，并请杨嗣震、李春涛等前来海丰任教。

1922 年

1 月 3 日 劝学所改为教育局，彭湃任局长。

3月3日 劣绅陈月波指派爪牙前往教育局企图殴打彭湃。彭湃被迫离开海丰前往广州。

3月12日 在广州参加由社会主义青年团发起组织的白话剧社。

4月27日 自广州回到海丰。

5月4日 组织海丰学生举行庆祝五一劳动节的集会和游行。

5月9日 被免去教育局局长职务。

5月14日 与李春涛等创办《赤心周刊》刊行。

6月2日 在《赤心周刊》第4期发表《谁应当出来提倡社会主义》。

6月下旬 深入农村，开始从事农民运动。

7月29日 “六人农会”在得趣书室成立。成员有张妈安、林沛、林焕、李老四、李思贤、彭湃。

秋 到惠阳县的高潭进行宣传发动农民的工作。

1923年

1月1日 海丰县总农会成立，选举彭湃为会长。彭湃为总农会制定了会旗，起草了临时简章、章程。

3月中旬 海丰农会会员与地主第一次发生正面冲突。彭湃率领6000多会员前往县法庭举行请愿示威，取得胜利。

4月 到陆丰推动农民运动，协助成立了“陆丰县农会筹备会”。

5月1日 在海丰、陆丰、惠阳三县农会会员庆祝五一劳动节大会上发表演说。当时，三县农会会员达20余万人。

5月 海丰总农会改组为“惠阳农民联合会”，彭湃为会长。

7月 “惠阳农民联合会”改组为“广东省农会”，彭湃为执行委员长。起草了《广东农会章程》。

9月初 赴香港找林晋亭，要求他催促陈炯明解决释放农友问题。

11月 在汕头发起组织惠湖梅农会。

1924年

2月8日 海丰捷胜约农会举行恢复大会，彭湃到会发表演说。

3月26日 离开海丰。

4月1日 上午到达汕头，下午乘船前往香港。

4月初 抵达广州。加入中国共产党，按照党的安排，彭湃担任国民党中央农民部秘书。

5月中旬 以农民部秘书的身份到广宁进行10天的宣传发动农民的工作。

5月21日至6月1日 在广州参加团中共广东区第二次代

表大会，当选区执行委员会委员。

6月9日 区执委讨论分工，彭湃任农工委员。

6月30日 国民党中央执行委员会根据彭湃的提议，决定开办农民运动讲习所，并派彭湃为第一届农讲所主任。

7月3日 第一届农民运动讲习所在广州城秀南路93号开学。

7月28日 在广东大学礼堂主持广州市非农民联欢会。孙中山到会并讲话。

8月21日 第一届农讲所学员毕业。

8月27日 广东农民自卫军成立，彭湃任总指挥。

9、10月间 中共广州地委改选，彭湃被选为委员。稍后当选中共广东区委委员。

11月26日 彭湃以国民党中央农民部特派员身份达到广宁，开展长达3个月的广宁农民反对地主武装的斗争。

1925年

2月19日 广宁农民反对地主的武装斗争胜利结束，彭湃与铁甲车队、卫士队回广州，赴东江参加东征。

3月3日 海丰农民举行欢迎东征军大会，并宣布恢复县农会，彭湃任委员长。

4月 带领海丰成立中共海陆丰特别支部。

4 月 20 日　海丰农民运动讲习所正式开课，彭湃任所长。

5 月 1 日　广东省第一次农民代表大会在广州召开，正式成立广东省农民协会。彭湃未到会，被选为常务委员。

8 月 26 日　广州举行市民大会，哀悼廖仲恺，彭湃发表讲话。

9 月 14 日　彭湃主办的第五届农民运动讲习所开课。

9 月 15 日　参加惠潮梅旅省人民大会，被选为大会临时主席。

10 月 20 日至 26 日　国民党广东省第一次代表大会在广州召开，被选为省党部执行委员。

10 月 29 日　根据中共广东区委的指示，中共海陆丰特别支部改组为海陆丰地委，彭湃任书记。

11 月 4 日　出席国民党广东省党部执行委员会第一次会议，任省党部农民部长。

1926 年

1 月 1 日　所著《海丰农民运动报告》一书在当天创刊的《中国农民》开始连载。

1 月 6 日　省农民协会举行欢迎出席国民党第二次全国代表大会的农民党员大会，任主席。

1 月 15 日　省农民协会潮梅海陆丰办事处在汕头成立，任办事处主任。

2月16日　在海丰农民武装大检阅上发表演说。

2月23日　省农协会欢迎省港罢工工友。任大会主席团执行主席，并致欢迎辞。

3月10日　出席广州各界青年纪念孙中山逝世周年大会，发表演说。

3月下旬　在汕头主持潮汕区农民代表大会。

5月1日　主持召开广东省第二次农民代表大会，被选为第二届执委常务委员。

5月5日　在广州纪念马克思大会上致开幕词。

5月11日　在广州四商会欢迎工、农、学界代表大会上发表演说。

5月29日　出席国民党广东省党部执行委员会第二十九次会议。

5月30日　出席广州各界纪念五卅惨案周年大会。

6月2日　在第六届农讲所向学员讲授东江农民生活状况及开展农民运动的经验。

6月5日　出席国民党广东省党部执行委员会第三十次会议，提出辞去农民部长一职。

7月　主持的东江工农运动养成所在汕头开办。

8月下旬 出席广东省农民协会执委扩大会议，并作报告。

9月1日至14日 代表省农协会，前往调查花县反动民团武装惨杀农民案。

9月25日 在广州举行的“广东省各界慰劳北伐军人大会”上发表演说。

10月29日 国民党广东省党部决定恢复潮梅特别委员会，任委员。

冬 与许冰在汕头结婚。

1927年

2月23日至26日 潮梅海陆丰农民和劳动童子团第一次代表大会在汕头举行，在会上作报告。

3月13日至19日 在广州参加省农协第二届执行委员会第二次扩大会议。会后与陈延年、苏兆征等前往武汉。

3月30日 中华全国农民协会临时执行委员会成立，任委员。

3月31日 抵达汉口出席欢迎大会。

4月2日 在湖北省农协召开的欢迎筹备全国农协的各省代表的会上发表演说。同日，出席中央农民运动讲习所举行的正式开学典礼，并发表演说。

4月9日 中华全国农民协会临时执行委员会发出就职通

电，决定彭湃兼任秘书长。

4月中旬 获悉蒋介石发动反革命政变，即派彭汉垣回海丰发动武装起义。

4月19日 在武汉国民党中央农民部部长邓演达主持召开的土地委员会第一次扩大会议上发言。

4月27日至5月6日 出席中国共产党第五次全国代表大会，被选为中央委员。

6月初 离开武汉秘密来南昌巡视工作。

7月21日 在九江参加李立三、恽代英等召集的会议，讨论南昌起义事宜。

7月22日 领导南昌起义的前敌委员会成立，任委员。

8月1日 南昌起义成功，成立了中国国民党革命委员会，任委员兼任农工委员会委员。

8月7日 中共中央举行紧急会议，被选为临时中央政治局委员。

9月12日 与周恩来一起率部队首批进入上杭城。

9月24日 起义军进入潮汕。在汕头成立了东江工农自卫军总指挥部，任正指挥。

9月27日至28日 与贺龙率部在山湖、汤坑地区与敌激战，起义军主力受挫。

10 月 3 日　参加由周恩来在普宁流沙主持召开的最后决策会议。

10 月 7 日　与李立三、恽代英等一起撤退到陆丰。乘船前往香港。

10 月 15 日　在香港以南方局委员身份出席南方局和广东省委联合召开的会议。

10 月 25 日　发布海陆丰两县第三次武装起义的命令。

11 月 8 日　从香港经汕尾回到海丰，兼任中共东江特委书记。

11 月 10 日　在陆丰主持陆丰干部会议，讨论陆丰工农兵代表大会的筹备工作。

11 月 18 日　代表党中央在海丰县工农兵代表大会开幕式上发表演说。

12 月 11 日　广州起义成功。彭未参加起义，但被选为人民土地委员。

12 月 28 日　得知陆丰方面报告，陈济棠部抵陆丰河田，拟进犯陆丰。当即决定红二师和东委机关向黄羌山区撤退。后得知此报告失实，东委才返回海丰，史称“二八事变”。

1928 年

1 月 3 日至 5 日　在东江农民代表大会上作报告。

1 月 5 日　参加海丰县苏维埃政府欢迎广州起义队伍的欢迎大会，并发表演说。

1 月中旬　率红四师一部前往陆丰平定“白旗会”匪乱。

2 月中旬　在普宁县第一次工农兵代表大会上发表演说。

2 月 20 日　回到惠来。

3 月上旬　在惠来兵营主持召开惠来县农民代表大会。

3 月 12 日至 22 日　指挥红二、四师余部及惠来农民武装攻克惠来县城。

5 月 5 日至 11 日　主持召开了潮、普、惠三县的联席会议，成立三县暴动委员会，被选为委员。

5 月 12 日　在惠来县工农兵代表大会上作政治报告。

5 月 15 日　主持召开惠来党组织各级负责人会议，决定组织敢死队，自任队长，但未获通过。

5 月 20 日　惠来苏维埃代表大会遭敌偷袭，彭湃转移到普宁白马仔村。

7 月　中国共产党在莫斯科举行第六次全国代表大会。彭湃没有参加，但被选为中央委员，在六届一中全会上被选为政治局候补委员。同月，省委两次写信给东江特委，决定将东江特委和潮梅特委合并为东江特委，指定彭湃任书记，并为特委军事委员会成员。

11 月　根据党中央指示，偕夫人抵达上海。

11 月 20 日　中央政治局会议决定彭湃任中央农委书记。

11 月下旬　中央任命彭湃为中共中央巡视员，赴浙江省指导工作。

1929 年

1 月 16 日　指导协助召开浙江省委扩大会议。

1 月下旬　接中央指示，与李硕勋离开浙江回上海。

1 月 26 日　出席中共中央政治局第十八次会议。

2 月　中共中央决定改组江苏省委，调彭湃任江苏省委常委、省委军委书记。

2 月 9 日至 10 日　参加上海闸北区委会议。

7 月　中央决定调彭湃回中央加强农委工作。

8 月 15 日　出席江苏省委常委、候补常委联席会议。

8 月 24 日　下午 3 时在上海沪西区新闸路经远里 12 号二楼白鑫家中主持召开江苏省委军委会议时，因叛徒白鑫出卖而被捕。

8 月 26 日　由租界捕房引渡到国民党上海市公安局水仙庙看守所，自称“王子安”，做药材生意。

8 月 27 日　国民党上海市公安局第二次提审彭，彭公开承认了自己的身份。

8月28日 清晨，被解押往龙华国民党淞沪警备司令部看守所。

8月30日 晨，和杨殷联名给党中央写信报告狱中斗争情况。在获悉即将遭毒手以后，给夫人许冰写诀别信，午后，在龙华国民党淞沪警备司令部旷地被秘密枪杀。同时就义的还有与彭同时被捕的中共中央政治局常务委员杨殷、江苏省委军委秘书颜昌颐、军委兵工运动负责人邢士贞。

参考文献

1.《彭湃文集》，人民出版社 1981 年版。

2.《彭湃年谱》，中共中央党校出版社 2007 年版。

3. 邵雍：《彭湃在上海》，《上海滩》2020 年第 7 期。

4.《彭湃传》，北京出版社 1984 年版。

5.《中共党史人物传》第三卷，中国人民大学出版社 2017 年版。

6.《彭湃传》，广东人民出版社 2002 年版。

7.《彭湃研究丛书》，中共中央党校出版社 2007 年版。

后　记

2021年2月20日，习近平在党史学习教育动员大会上指出："我们党的一百年，是矢志践行初心使命的一百年，是筚路蓝缕奠基立业的一百年，是创造辉煌开辟未来的一百年。"回望党的百年奋进、百年征途，明理、增信、崇德、力行，满怀信心再出发。

本书自启动以来，即得到了中共上海市委有关领导的关心和支持，还得到了中共上海市委宣传部的大力帮助。市委党研室主任严爱云、副主任谢黎萍、二级巡视员曹力奋负责全书的组织、推荐、落实，科研处处长年士萍、研究一处吴海勇为本书的撰写精雕细琢，陈挥教授、邵雍教授等专家学者进行审读和史实把关，提出了许多宝贵意见，共享最近的研究成果。俞秀松烈士继子俞敏千方百计牵线搭桥，为寻找珍贵图文史料倾心倾力。

本书在编写和收集资料的过程中得到了各方的大力支持，广州农讲所、海丰县委宣传部、海丰红宫红场旧址纪念馆提供了大量珍贵的历史图片和原始资料，特别要感谢彭湃烈士孙女彭伊娜女士不辞辛苦，陪同作者跋山涉水重走了彭湃带领农运从星火到燎原的足迹，广州农讲所宣传部长柯楚彬虽事务繁忙，挑灯夜战审读全书，海丰红宫红场旧址纪念馆馆长陈火金，资深讲解员、全国道德模范罗晓梅不遗余力提供珍贵馆藏史料，陆丰县人大主任、党史办主任彭飞放弃周末休息时间，为本书中一段全新史料的挖掘撰写亲赴实地现场讲解，海丰派出所所长陈宝荣缉毒归来挑灯夜战为本书史料提供支持。广东红色文化研究院常务副馆长李代振，海丰党史办主任杨鹏，海丰红色教育中心余俊冰，广宁县委宣传部冯少媚，林晋亭后人等，上海市委党史研究室的同仁们，在此一并表示衷心感谢。

本书搁笔之日，距离作者奔赴海陆丰红色沃土恰二月整。“中国农民运动大王”彭湃领导的农民运动，摧枯拉朽，开拓创建中国历史第一个苏维埃政权——海陆丰苏维埃。这块深广丰厚的红色沃土，蕴藏着的红色文化及精神伟力，不时在催促着作者内心深处涌起跃马扬鞭的力量，因才疏学浅，作者只能略述一二。但彭湃的精神、海陆丰为中国革命所做的开拓性尝试和无畏的牺牲，还在生生不息召唤着更多的研究者奔向海陆丰，挖掘更多可为创造全新辉煌的一百年砥砺前行的力量源泉。

谨以此书献给中国共产党的百岁华诞！献给所有为今天的中国曾披荆斩棘、筚路蓝缕的先行者们，这盛世如你们所愿！

作者

图书在版编目(CIP)数据

彭湃画传/中共上海市委党史研究室,龙华烈士纪念馆编;赵菲著. —上海:上海人民出版社,2021
ISBN 978-7-208-17214-2

Ⅰ.①彭… Ⅱ.①中… ②龙… ③赵… Ⅲ.①彭湃(1896-1929)-传记-画册 Ⅳ.①K827=6

中国版本图书馆CIP数据核字(2021)第132750号

责任编辑 郭敬文
封面设计 周伟伟

彭湃画传
中共上海市委党史研究室 编
龙华烈士纪念馆
赵 菲 著

出 版 上海人民出版社
(200001 上海福建中路193号)
发 行 上海人民出版社发行中心
印 刷 上海中华印刷有限公司
开 本 720×1000 1/16
印 张 16
字 数 136,000
版 次 2021年7月第1版
印 次 2021年7月第1次印刷
ISBN 978-7-208-17214-2/K·3102
定 价 78.00元